Wencke Sorrentino | Hans Jürgen Linser | Liane Paradies

99 Tipps
Differenzieren im Unterricht

Wencke Sorrentino	ist Lehrerin an einer Integrierten Gesamtschule und unterrichtet die Fächer Englisch, Mathematik und Musik.
Hans Jürgen Linser	ist Realschullehrer für Kunst, Arbeit-Wirtschaft-Technik, Deutsch und Darstellendes Spiel. Er arbeitet an der Universität Oldenburg in der Lehrerausbildung und -fortbildung und ist Autor von Veröffentlichungen zum Thema Unterrichtsmethoden.
Liane Paradies	ist Gymnasiallehrerin für Mathematik und Geschichte. Sie arbeitet als freie Autorin, Trainerin und Moderatorin in der Lehrerausbildung und -fortbildung, ist an der Universität Oldenburg tätig und Autorin zahlreicher Veröffentlichungen zum Thema Unterrichtsmethoden.

Wencke Sorrentino | Hans Jürgen Linser | Liane Paradies

99 Tipps
Differenzieren im Unterricht

Die in diesem Werk angegebenen Internetadressen haben wir überprüft (Redaktionsschluss Oktober 2008). Dennoch können wir nicht ausschließen, dass unter einer solchen Adresse inzwischen ein ganz anderer Inhalt angeboten wird.

Nicht in allen Fällen war es uns möglich, den Rechteinhaber ausfindig zu machen. Berechtigte Ansprüche werden selbstverständlich im Rahmen der üblichen Vereinbarungen abgegolten. Wir bitten um Verständnis.

www.cornelsen.de

Bibliografische Information: Die Deutsche Bibliothek verzeichnet diese Publikation in der Deutschen Nationalbibliografie; detaillierte bibliografische Daten sind im Internet über http://dnb.ddb.de abrufbar.

Dieses Werk berücksichtigt die Regeln der deutschen Rechtschreibung, die seit August 2006 gelten.

5. 4. 3. 2. 1.   Die letzten Ziffern bezeichnen
13 12 11 10 09   Zahl und Jahr der Auflage.

© 2009 Cornelsen Verlag Scriptor GmbH & Co. KG, Berlin
Das Werk und seine Teile sind urheberrechtlich geschützt. Jede Nutzung in anderen als den gesetzlich zugelassenen Fällen bedarf deshalb der vorherigen schriftlichen Einwilligung des Verlags.
Hinweis zu den §§ 46, 52a UrhG: Weder das Werk noch seine Teile dürfen ohne eine solche Einwilligung eingescannt und in ein Netzwerk eingestellt oder sonst öffentlich zugänglich gemacht werden.
Dies gilt auch für Intranets von Schulen und sonstigen Bildungseinrichtungen.
Konzeption/Projektleitung: Dorothee Weylandt, Berlin
Redaktion: Barbara Holzwarth, München
Herstellung: Brigitte Bredow, Berlin
Die Reihenkonzeption wurde von Cornelia Colditz und Claudia Kahlenberg im Rahmen eines studentischen Wettbewerbs im Studiengang Verlagsherstellung an der HTWK Leipzig (www.verlagsherstellung.de) unter Leitung von Julia Walch, Bad Soden, entwickelt.
Satz/Layout: Julia Walch, Bad Soden
Illustrationen: Mone Schliephack, Niedernhausen-Oberjosbach
Umschlagentwurf: Magdalene Krumbeck, Wuppertal
Druck und Bindearbeiten: CPI – Clausen & Bosse, Leck
Printed in Germany
ISBN 978-3-589-22885-0

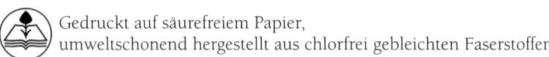
Gedruckt auf säurefreiem Papier,
umweltschonend hergestellt aus chlorfrei gebleichten Faserstoffen

Inhaltsverzeichnis

Vorwort 9
10 Top-Tipps 12

Rahmenbedingungen

TIPP 1: Schulischer Bildungsauftrag 13
TIPP 2: Handlungsfelder im Unterricht 14
TIPP 3: Lernwege entwickeln 15
TIPP 4: Flexible Differenzierung 16
TIPP 5: Äußere Differenzierung 17
TIPP 6: Innere Differenzierung 19
TIPP 7: Lehrerrolle immer genau klären 20
TIPP 8: Differenzierungskriterien 22
TIPP 9: Differenzierungsmöglichkeiten 23

Schüler lernen in unterschiedlichen Sozialformen

TIPP 10: Allein lernen und arbeiten 25
TIPP 11: Zu zweit Vereinbarungen treffen 26
TIPP 12: Dialoge entwickeln 27
TIPP 13: In der Gruppe kooperieren 28
TIPP 14: Zufällig zusammenfinden 29
TIPP 15: Lernvoraussetzungen beachten 31
TIPP 16: Den Lerntypen gerecht werden 32
TIPP 17: Nach Neigung zusammenarbeiten 33
TIPP 18: Zu Themen differenziert arbeiten 34
TIPP 19: Unterrichtsgespräche führen 35

Schüler arbeiten und üben selbstverantwortlich

TIPP 20: Flexible Lernziele formulieren 36
TIPP 21: Sich selbst einschätzen 38
TIPP 22: An Stationen lernen 39
TIPP 23: Frei arbeiten 41
TIPP 24: Mit Plänen arbeiten 42

TIPP 25: Thematische Pläne bearbeiten 44
TIPP 26: Mit Monatsplänen vertiefen 47
TIPP 27: Eine Facharbeit verfassen 48
TIPP 28: Zu Hause üben 50
TIPP 29: Eigene Themen finden 52

Schüler lösen selbstständig Probleme

TIPP 30: Aufgaben konstruieren 53
TIPP 31: Offene Aufgaben 55
TIPP 32: Differenzierende Aufgaben 56
TIPP 33: Authentische Aufgaben 57
TIPP 34: Parallele Aufgaben 58
TIPP 35: Lernspezifische Aufgaben 59
TIPP 36: Aufgaben zum selbstständigen Lernen 61
TIPP 37: Komplexe Aufgaben 62
TIPP 38: Eigenverantwortlich lernen 63
TIPP 39: Fehler zulassen und analysieren 65

Schüler führen Gespräche und präsentieren

TIPP 40: Gespräche vorbereiten 66
TIPP 41: Gespräche leiten 68
TIPP 42: Mit Gesprächsstörungen umgehen 69
TIPP 43: Gesprächsergebnisse festhalten 71
TIPP 44: Ein Referat vorbereiten 72
TIPP 45: Ein Referat halten 73
TIPP 46: Rhetorik einsetzen 74
TIPP 47: Gespräche strukturieren 75
TIPP 48: Inhalts- und Beziehungsebene beachten 76
TIPP 49: Basis für Kommunikation schaffen 77

Schüler arbeiten mit Texten

TIPP 50: Vorinformation 78
TIPP 51: Produktionsorientierte Aufgaben 81
TIPP 52: Kommunikative Aufgaben 82
TIPP 53: Darstellerische Aufgaben 83

TIPP 54: Kreative Schreibaufgaben 84
TIPP 55: Über den Text hinausgehen 85
TIPP 56: Anforderungsbereich I: Kennen 86
TIPP 57: Anforderungsbereich II: Verwenden 87
TIPP 58: Anforderungsbereich III: Beurteilen 88
TIPP 59: Aufgaben zu nichtlinearen Texten 89

Schüler nutzen verschiedene Materialien und Medien

TIPP 60: Differenzierte Arbeitsblätter 90
TIPP 61: Mit dem Schulbuch arbeiten 91
TIPP 62: Sachbücher einsetzen 92
TIPP 63: Zeitungsartikel verwenden 93
TIPP 64: Im Internet recherchieren 94
TIPP 65: Differenziertes Vokabellernen 96
TIPP 66: Zeitleisten nutzen 97
TIPP 67: Mit Modellen arbeiten 98
TIPP 68: Diagramme interpretieren 99
TIPP 69: Musikinstrumente einsetzen 101
TIPP 70: Texttheater präsentieren 102

Schüler arbeiten mit individuellen Lernhilfen

TIPP 71: Lernkarteien erstellen 103
TIPP 72: Spielend lernen 104
TIPP 73: Lernplakate gestalten 106
TIPP 74: Lernjournale führen 107
TIPP 75: Lernprogramme nutzen 109
TIPP 76: Merkzettel anlegen 110
TIPP 77: Lernstoff visualisieren 111
TIPP 78: Auditive und audiovisuelle Medien 112
TIPP 79: Lernhierarchien aufzeigen 114

Schüler helfen Schülern

TIPP 80: Schüler-Helfer-Systeme bilden 114
TIPP 81: Experten einsetzen 116
TIPP 82: Schüler coachen 117

TIPP 83: Coaching regelmäßig reflektieren 119
TIPP 84: Schüler aktivieren 120
TIPP 85: Varianten der Aktivierung 122
TIPP 86: Schülerpatenschaften einrichten 123
TIPP 87: Schüler unterrichten Schüler 124
TIPP 88: Schüler geben Nachhilfe 125

Schüler entwickeln Lernkompetenz

TIPP 89: Projekte realisieren 126
TIPP 90: Vorhaben erarbeiten 127
TIPP 91: Schüler forschen lassen 129
TIPP 92: Mindmaps gestalten 130
TIPP 93: Cluster bilden 131
TIPP 94: Lernlandkarten entwickeln 132
TIPP 95: Interviews führen 135
TIPP 96: Exkursionen durchführen 136
TIPP 97: Praktika machen 138
TIPP 98: Darstellendes Spiel einsetzen 139
TIPP 99: Feste organisieren 140

Register 142

Vorwort

Den Anforderungsprofilen, die die Gesellschaft an künftige Generationen stellt, kann Schule nur genügen, wenn die Lebens- und Entwicklungsperspektiven der Kinder und Jugendlichen in den Mittelpunkt des schulischen Lernens gerückt werden. Unter Fachleuten ist heute unbestritten, dass Individualität und Einzigartigkeit die Basis für fachliche und methodische Kompetenz und Kreativität bilden und auch die Schlüsselkompetenzen „Teamfähigkeit" und „Konfliktfähigkeit" maßgeblich prägen. Diese Ziele ohne Differenzierung erreichen zu wollen, ist eine Illusion. Die vorliegenden 99 Tipps bieten daher zahlreiche Anregungen und Hilfen, wie Sie jeden einzelnen Schüler fördern und Differenzierung zu einem Prinzip Ihres Unterrichts machen können.

Im Folgenden einige Erläuterungen zur thematischen Gliederung der Tipps:
Im ersten Teil „10 Top-Tipps" finden Sie diejenigen Ratschläge, die wir für unbedingt wichtig halten. Das heißt nicht, dass die anderen 89 Tipps unwichtig wären – im Gegenteil, jeder für sich hat selbstverständlich gleiches Gewicht. Mit der Befolgung der Top-Tipps aber können Sie am schnellsten und effektivsten die eigene Unterrichtspraxis im Bereich der Differenzierung optimieren.

Die im ersten Kapitel aufgeführten Rahmenbedingungen klären Begriffe und Voraussetzungen, deren Kenntnis und Befolgung unverzichtbar für erfolgreiches pädagogisches Arbeiten sind.
Im darauffolgenden Kapitel geben wir Tipps, wie bestimmte Sozial- und Arbeitsformen und die verschiedenen Möglichkeiten der heterogenen und homogenen Gruppenbildung differenziertes Lernen fördern können.
Hinweise zum selbstverantwortlichen Lernen in differenzierten Situationen unter Einbezug des Stationenlernens und der Planarbeit finden sich im nächsten Kapitel.

Schließlich beschäftigen wir uns damit, wie man Schüler dazu führen kann, selbstständig Probleme zu lösen. Das betreffende Kapitel enthält Tipps zur passgenauen und differenzierenden Aufgabenkonstruktion und stellt Aufgabentypen vor, mit denen Schüler ihren spezifischen Fähigkeiten gemäß gefördert werden können.

Im Rahmen eines Unterrichts, der sich dem Prinzip der Differenzierung verschrieben hat, ist ein wichtiger Bestandteil, dass die Schüler regelmäßig Gespräche führen und leiten sowie ihre jeweiligen Arbeitsresultate in Form von Präsentationen vorstellen. Diese beiden Aspekte sind daher Schwerpunkt des nächsten Kapitels. Wir geben Tipps, wie Schüler möglichst selbstständig individuelle Fähigkeiten und Fertigkeiten in diesen Bereichen erwerben können.

Auch die Arbeit an Texten jeglicher Art darf nach dem Prinzip der Differenzierung keinesfalls im Gleichschritt erfolgen, sondern muss die jeweiligen Wissensstände und Interessen der Schüler berücksichtigen. Anhand eines exemplarischen literarischen Textes werden daher Möglichkeiten der differenzierten Arbeit an und mit Texten vorgestellt. Hier werden verschiedene Vorgehensweisen skizziert, wie man sich Texten nähern und wie man mit ihnen umgehen kann.

Das Kapitel „Schüler nutzen verschiedene Quellen, Materialien und Medien" demonstriert Möglichkeiten, weitere Informationsquellen differenziert zu nutzen und sinnvoll zu bearbeiten.

Wie bereits erwähnt, kann Differenzierung in unterschiedlichsten Sozialformen stattfinden. Der Fokus des folgenden Kapitels liegt diesbezüglich auf der Einzelarbeit und geht der Frage nach, welche individuellen Lernhilfen – von Lernkarteien und -spielen bis hin zu Lernprogrammen und Medieneinsatz – dem Schüler an die Hand gegeben werden können.

Beim Differenzieren im Unterricht ist nicht nur der Einsatz der Lehrkraft gefragt, die Schüler können sich auch gegenseitig fördern und dabei auf die spezifischen Bedürfnisse und Fähigkeiten ihres Gegenübers eingehen. Im Kapitel „Schüler helfen Schülern" geben wir daher gezielt Tipps, wie Schüler miteinander effektiv und differenziert arbeiten und lernen können, sei es durch den Einsatz von Experten, Coaches und Lernpaten oder durch die klassische Nachhilfe.

Im letzten Kapitel schließlich geht es um die Frage, wie Lernkompetenz seitens der Schüler entwickelt werden kann. Hier finden sich Tipps für methodische und mediale Arrangements, die eine solche Entwicklung effektiv fördern.

„Recht auf Gleichheit heißt auch Recht auf Differenz." (Hartmut von Hentig) – In diesem Sinne möchten wir Sie dazu ermutigen, die in diesem Buch aufgeführten Tipps in Ihren Unterricht einzubringen, sie auszuprobieren und weiterzuentwickeln, dadurch neue Erfahrungen zu machen und sich über diese auch im Kollegium auszutauschen.

Wir wünschen Ihnen viel Erfolg!
Wencke Sorrentino
Hans Jürgen Linser
Liane Paradies

PS: Aus Gründen der besseren Lesbarkeit wird in diesem Buch durchgehend die männliche grammatische Form verwendet. Natürlich sind damit auch immer Frauen und Mädchen gemeint, also Lehrerinnen, Schülerinnen usw.

10 Top-Tipps ... Die Lieblingstipps der Autoren!

1. Tipp — 7
Lehrerrolle immer genau klären

2. Tipp — 15
Lernvoraussetzungen beachten

3. Tipp — 29
Flexible Lernziele formulieren

4. Tipp — 39
Fehler zulassen und analysieren

5. Tipp — 44
Ein Referat vorbereiten

6. Tipp — 51
Produktionsorientierte Aufgaben

7. Tipp — 61
Mit dem Schulbuch arbeiten

8. Tipp — 74
Lernjournale führen

9. Tipp — 80
Schüler-Helfer-Systeme bilden

10. Tipp — 94
Lernlandkarten entwickeln

Schulischer Bildungsauftrag

Machen Sie sich zunächst bewusst, welchen Bildungsauftrag Schule heutzutage hat, d. h., welche Ziele diesbezüglich erreicht werden sollen. Die Lernvoraussetzungen und Biografien der Schüler werden immer unterschiedlicher und die Lerngruppen immer heterogener. Daher gewinnt die innere Differenzierung (Tipp 6) des Unterrichts zunehmend an Gewicht – die früher übliche Vorstellung des „Lernens im Gleichschritt" genügt den heutigen Anforderungen nicht mehr.

Lerngruppen mit heterogenen Lernvoraussetzungen

▶ Tipp 6

Diese Entwicklung führt zu einer neuen Akzentuierung des schulischen Bildungsauftrags: Die Schule der Gegenwart muss Kompetenzen vermitteln, die Auskunft darüber geben, was jemand kann (Kenntnisse, Fähigkeiten bzw. Fertigkeiten, Einstellungen und Haltungen), z. B.:

Kompetenzen vermitteln

- Fachkompetenz, d. h., neues Wissen mit alten Kenntnissen, Fähigkeiten und Fertigkeiten anwendungsbezogen verknüpfen können;
- Methodenkompetenz, d. h., Lern- und Übungsstrategien – von elementaren Erarbeitungstechniken bis hin zu ausgefeilten Präsentationsstrategien – anwenden können;
- Handlungskompetenz, mit der die erworbenen Kompetenzen gesellschaftlich sinnvoll umgesetzt werden;
- Sozialkompetenz, d. h., das eigene Spezialwissen im Team mit anderen nutzen zu können; sie wird verstanden als Fähigkeit, Empathie zu entwickeln und im Rahmen sozial verträglicher Grenzen Toleranz gegenüber anderen Standpunkten zu üben;
- Entscheidungskompetenz, verstanden als Fähigkeit, eigene Entscheidungen in ihrer individuellen und sozialen Relevanz angemessen abzuschätzen und konsequent treffen zu können.

Als Summe dieser Bildungsziele ergibt sich im günstigsten Fall die Selbstkompetenz des Schülers, die Fähigkeit also, die eigenen Qualitäten und Qualifikationen ohne Über- oder Unterbewertung der eigenen Person in der Gesellschaft zu nutzen.

Ziel ist die Selbstkompetenz des Schülers

RAHMENBEDINGUNGEN

2 Handlungsfelder im Unterricht

› Tipp 30

Das Prinzip der Differenzierung sollte nicht nur in einem Teilbereich des Unterrichts – etwa bei der Konstruktion entsprechender Aufgaben (Tipp 30) – umgesetzt werden. Es kann vielmehr in sämtlichen der im Folgenden aufgeführten Handlungsfelder des Unterrichts Anwendung finden.

Handlungsfelder im Unterricht

Lernvoraussetzungen erfassen
Lernstandserhebungen, Testverfahren, Selbst- und Fremdeinschätzungsinstrumente
systematische Beobachtungen (Beobachtungsbögen)

Steuerung von Lernprozessen
Aufgabenkonstruktionen
Feedback (zum Unterricht, zu den Lernleistungen)
Reflexion, Dokumentation, Evaluation

Lernkompetenzen: Lernstärken, Lernschwächen
Pädagogische Diagnose
Forderung und Förderung

Umgang mit Fehlern
systematische Feststellungen
Trennung von Lernphasen und Leistungsnachweisen (Monitoring)

Leistungsbewertung
Standards, Kompetenzstufen, Bezugsnormen, Gewichtung
Beurteilungsformen (Noten, Berichte)
Transparenz der Leistungsbeurteilung

Klassenmanagement
Entwicklung von Beziehungen
Organisation idealer Arbeitsbündnisse und -bedingungen
verabredete „Leitplanken", Regeln und Strukturen

Kooperatives Lernen
Sozial- und Kommunikationskompetenz
Teamfähigkeit

> **Methodenvielfalt im Unterricht**
> Instrumente zur Differenzierung
> Lern- und Übungsstrategien
>
> **Kompetenzentwicklung**
> Fachkompetenz, Methodenkompetenz
> Sozialkompetenz, Handlungskompetenz
> Selbstkompetenz, Entscheidungskompetenz

3 LERNWEGE ENTWICKELN

Differenzierung im Unterricht begreift Individualität als konstitutive Basis und verfolgt allein folgendes Ziel: Jeder einzelne Schüler soll individuell maximal gefordert und damit optimal gefördert werden. Das individuelle Leistungsvermögen und Lernverhalten des Schülers sind Grundlage für differenzierende Maßnahmen auf der inhaltlichen, didaktischen, methodischen, sozialen und organisatorischen Ebene.

Differenzierung bedeutet die Unterscheidung, Verfeinerung, Abstufung und Aufteilung der Lerninhalte, denn Lernen ist ein ebenso komplexer wie subjektiver Vorgang und kann auf verschiedenen Wegen erfolgen. Unterschiedliche Begabungen und Lernvoraussetzungen (Tipp 16) sowie soziale Einbettungen der Schüler und ihre damit verbundenen spezifischen Lernbedürfnisse erfordern differenzierte Unterrichtsverfahren.

Lernen als subjektiver Vorgang

▸ Tipp 16

Um die Ecke gedacht

> Die Lehrkraft muss entscheiden, für welchen Schüler welcher Weg richtig – d.h., der mit den größten Erfolgsaussichten – ist, aber auch, welcher Weg verhindert werden muss und wie nah der Weg an das Ziel führen kann; denn nicht alle Wege führen zu dem individuell bestmöglichen Schulabschluss.

Gleich mal ausprobieren

Entwickeln Sie zu einem Thema Ihrer Wahl eine Landkarte mit unterschiedlichen Lernwegen, die zu dem von Ihnen angepeilten Ziel führen, und kennzeichnen Sie die Wege durch Indikatoren. Nummerieren Sie die unterschiedlichen Wege ihrem Schwierigkeitsgrad entsprechend. Welcher Weg eignet sich für welchen Schüler aus Ihrer Lerngruppe? Schreiben Sie die Namen zu den jeweiligen Lernwegen. Überprüfen Sie dann gemeinsam mit Ihren Schülern, ob die Wahl des Lernweges passend war.

4 FLEXIBLE DIFFERENZIERUNG

Die flexible Differenzierung bietet eine interessante Alternative zur Leistungsdifferenzierung, die sich auf die Einteilung in Kurse (nach unterschiedlichen Kriterien) beschränkt, da sie deutlich variabler ist und somit besser auf die individuellen Bedürfnisse der Lerner eingehen kann. Die Schüler erarbeiten sich die Lernziele einer Unterrichtseinheit in einem fachlich strukturierten Wechsel von heterogenen und homogenen Leistungsgruppen.

Gleich mal ausprobieren

Zu Beginn der Einheit werden in einer zunächst heterogenen Gruppe allen Schülern die Grundlernziele vermittelt. Ein Test am Ende dieser Phase diagnostiziert, welche Lernlücken beim Einzelnen auftreten. Entsprechend dieser Lernlückenermittlung werden auf drei Ebenen Kurse eingerichtet:
- Ein weiterführender Kurs für diejenigen Schüler, die alle Lernziele erreicht haben und jetzt auf vertieftem Niveau komplexere Aufgaben bewältigen können.
- Ein Kurs auf mittlerem Niveau für diejenigen Schüler, die den grundsätzlichen Horizont der Thematik erkannt, aber nicht alle Lernziele erreicht haben. Sie können dies nachholen und gegebenenfalls anschließend vertiefendes und komplexeres Material bearbeiten.

- Ein reiner Wiederholerkurs für diejenigen Schüler, die die Grundlernziele nicht erreicht haben und jetzt – möglichst mit veränderten Methoden und Medien – einen zweiten Anlauf zur Erarbeitung der Grundkenntnisse unternehmen können.

  Zum Abschluss der Unterrichtseinheit gibt es einen gemeinsamen Test, bevor es im heterogenen Klassenverband weitergeht.

Die flexible Differenzierung fördert die Schüler individuell entsprechend der anfänglichen Lernstandsdiagnose. Zielerreichendes Lernen wird verwirklicht und die Kursdurchlässigkeit ist hoch.

Zielerreichendes Lernen und hohe Kursdurchlässigkeit

Achtung!
Die flexible Differenzierung ist zwar ein ideales Förderinstrument, bringt aber auch einige Nachteile mit sich, derer man sich bewusst sein sollte:
- In den Kursen besteht eine starke Fluktuation.
- Dadurch wird soziales Lernen häufig behindert.
- Eine Kursstabilität ist quasi nicht geben.
- Auf den Lehrer kommt ein relativ hoher Organisations- und Arbeitsaufwand zu.

ÄUßERE DIFFERENZIERUNG 5

Differenzierung in der Schule findet nach unterschiedlichen Strukturprinzipien statt. Strukturieren bedeutet hier, Ordnung in die natürlich bestehende Heterogenität der Lernenden zu bringen. Ordnung schaffen schließlich bezeichnet im umgangssprachlichen wie im wissenschaftlichen Sinne nichts anderes als das Vorhaben, die vielen Individualitäten in ein System zu bringen, das übergeordnete Gesichtspunkte und Gemeinsamkeiten enthält. Der Ordnungsschaffende muss abstrahierend vorgehen, indem er z. B. klassifizierende Eigenschaften von unwichtigen trennt.

Einfaches Strukturprinzip
Ein einfaches Strukturprinzip ist das der äußeren Differenzierung: Nach (relativ) willkürlichen Kriterien wie Alter, Geschlecht und Interessen werden Lerngruppen gebildet, voneinander isoliert und fortan als homogen hinsichtlich dieses Kriteriums betrachtet.

Vorgaben durch gesellschaftliche Traditionen
Äußere Differenzierung ist durch die kulturellen und bildungspolitischen Traditionen unserer Gesellschaft weitgehend vorgegeben und individuell kaum zu verändern. Ihr liegen die folgenden Kriterien zugrunde:

Kriterien äußerer Differenzierung
- Differenzierungskriterium Schulform:
  Zuweisung der Schüler zu den verschiedenen Schulformen analog zu ihrer (vermuteten) Leistungsfähigkeit; Bildung von homogenen Lerngruppen.
- Differenzierungskriterium Schulprofil:
  Auswahlmöglichkeit für Schüler analog zu ihren unterschiedlichen Neigungen, Interessen und Fähigkeiten.
- Differenzierungskriterium Jahrgangsklasse:
  Aufteilung der Schüler innerhalb einer Schule nach Alter. Bildung von Jahrgangsklassen, Kursen, Arbeitsgemeinschaften, Wahlpflichtkursen, Fördergruppen.

Gleich mal ausprobieren

Auch wenn, wie bereits erwähnt, die Rahmenbedingungen der äußeren Differenzierung individuell kaum zu verändern sind: Es lohnt sich, eigene Ideen zu entwickeln und über Alternativen nachzudenken. Entwickeln Sie das Bild einer „Modellschule", in der all das möglich ist, was Sie sich unter gutem Unterricht vorstellen. Halten Sie diese Fantasien in einem Bild fest und hängen Sie es an Ihrem Arbeitsplatz auf. Versuchen Sie auch, einzelne Elemente umzusetzen. Greifen Sie dafür z. B. in jedem Schuljahr eines heraus, weniger ist mehr!

INNERE DIFFERENZIERUNG 6

Das Prinzip der inneren Differenzierung setzt erst nach der Konstitution der Lerngruppen (äußere Differenzierung, Tipp 5) ein. Es zweifelt die darin angenommene Homogenität hinsichtlich des Leistungsstandes der Schüler an und hat zum Ziel, innerhalb der jeweiligen Lerngruppe den verschiedenen individuellen Bedürfnissen möglichst gerecht zu werden.

❱ Tipp 5

Die Grobstruktur der inneren Differenzierung ist auf der schulorganisatorischen Ebene angesiedelt: Der Lehrer kann die Schüler seiner Lerngruppe je nach Unterrichtssituation nach bestimmten Kriterien zu situativ wechselnden Gruppierungen zusammenfassen, wobei das Schulcurriculum und die Persönlichkeit der unterrichtenden Lehrkraft selbstredend sowohl Präferenzen als auch Grenzen festlegen. Möglich ist eine Differenzierung nach

Schulorganisatorische Differenzierung

- Organisation und Zufall (Tipp 14),
- Lernvoraussetzungen (Tipp 15),
- Sozialformen,
- Unterrichtsmethoden und -medien,
- Unterrichtsinhalten,
- Unterrichtszielen.

❱ Tipp 14
❱ Tipp 15

Die Feinstruktur, die innerhalb der oben geschilderten organisatorischen Differenzierung zum Tragen kommt, ist didaktisch begründet. Hierbei geht es um eine Differenzierung nach

Didaktische Differenzierung

- Lernstilen (Tipp 16),
- Lerntempo,
- Lernbereitschaft,
- Lerninteressen.

❱ Tipp 16

Um die Ecke gedacht

Innere Differenzierung unterliegt keinen bildungspolitischen Vorgaben, sie ist offen, dynamisch und – der wichtigste Aspekt – von jedem Lehrer individuell gestaltbar.

> **Gleich mal ausprobieren**
>
> Gehen Sie – gemeinsam mit Ihren Schülern – eigene Wege der inneren Differenzierung. Wählen Sie sich für den ersten Schritt dazu aus der oben angeführten Liste die Möglichkeit aus, die Ihnen am meisten „liegt" und zusagt. Versuchen Sie dann, sie in Ihrem Unterricht umzusetzen.

7 Lehrerrolle immer genau klären

Dozent, Moderator und Berater

Welche unterschiedlichen Rollen nimmt ein Lehrer ein, wenn er in seinem Unterricht dem Prinzip der Differenzierung folgt? Letztlich ist er Dozent, Moderator und Berater. Es sollte ihm jedoch stets bewusst sein, in welcher dieser Rollen er sich gerade befindet und welches seine damit verbundenen Aufgaben sind.

Der Lehrer als Dozent (Wissensvermittler)
- fungiert als fachliche Autorität, die den Schülern ihren Wissensvorsprung und ihre Übersicht über das momentan behandelte Thema sowie über den gesamten Fachinhalt zur Verfügung stellt,
- plant und strukturiert den Lernprozess,
- setzt die Vorstrukturierung mithilfe lehrerzentrierter Methoden um,
- stellt sinnvolle Bezüge zwischen schulischen und außerschulischen Bereichen her,
- benutzt und beherrscht den Einsatz fachspezifischer Materialien und Medien.

Der Lehrer als Moderator (Lerngestalter)
- berät die Schüler und hilft ihnen beim selbstständigen Lernen,
- schafft gemeinsam mit den Schülern optimale innere und äußere Lernbedingungen,
- achtet auf die Gesundheit und die gesunde Ernährung seiner Schüler,

- sensibilisiert seine Schüler gegenüber der Vielfalt von Umwelt-, Politik- und Medieneinflüssen,
- erzieht die Schüler zu kritikfähigen, selbstbewussten und hilfsbereiten Menschen und macht sich überflüssig.

Der Lehrer als Berater (Coach)
- kennt das Netzwerk, in dem sich der Schüler befindet,
- kennt die Anlagen, Begabungen und Talente als Potenziale für spätere Fertigkeiten,
- kennt das Umfeld, das beim Schüler Reaktionen auslöst, die sich letztlich als Verhaltensmuster, Glaubenssätze und Programme ausprägen können,
- pflegt den Kontakt zu Eltern und Bezugspersonen,
- prägt die Art und Weise, wie der Heranwachsende mit Erziehung, Bildung und Ausbildung umgeht.

Gleich mal ausprobieren

Machen Sie sich vor jeder konkreten Unterrichtssituation klar, welche Rolle Sie darin einnehmen werden und wollen. Gehen Sie dafür in Gedanken die oben aufgeführten Rollenprofile durch und nehmen Sie eine Zuordnung vor.

Achtung!

Der Lehrer darf sich nicht durch kumpelhafte Anbiederung aus der öffentlichen Wahrnehmung seiner Rolle fortstehlen. Er bleibt der für den gesamten schulischen Erziehungsprozess zuständige Fachmann, der (nicht nur) die Zensuren zu verantworten hat.

8 Differenzierungskriterien

> Tipp 6

Ein hohes Niveau innerer Differenzierung (Tipp 6) und damit individueller Förderpraxis ist im Unterricht an folgenden Prüfsteinen bzw. Merkmalen zu erkennen:

Merkmale innerer Differenzierung

- Die Schüler arbeiten an unterschiedlichen Problemstellungen, Fragen und Aufgaben und kommen im Rahmen ihrer Möglichkeiten gut voran.
- Es gibt je nach Thema, Interessensschwerpunkten und Leistungsvermögen unterschiedliche Lehrbücher, Lernmaterialien, Lernangebote und Hilfen.
- Schüler mit besonderen Begabungen erhalten zusätzliche Angebote.
- Alle Schüler reflektieren ihren individuellen Lernfortschritt (Metakognition).
- Lernschleifen sind regelmäßig in den Unterricht eingebaut (Monitoring).
- Langsamere Schüler haben ausreichend Zeit, um ihre Aufgaben zu erledigen.
- Schüler mit motorischen oder affektiven Problemen nehmen an kurzen Konzentrationsübungen nach Anleitung teil (Auszeit).
- Schüler mit Gesundheitsproblemen erhalten ein ihren Möglichkeiten angepasstes Arbeitspensum.
- Schüler mit nichtdeutscher Muttersprache erhalten zusätzliche Unterrichtsangebote.
- Schüler aus Risikogruppen werden besonders betreut.
- Leistungsstarke Schüler haben das Recht und die Möglichkeit, sich nach Absprache mit der Lehrkraft aus Routineaufgaben auszuklinken und an eigenen Schwerpunkten zu arbeiten.
- Allen Schülern ist vertraut, dass es unterschiedliche Leistungsvermögen gibt.

> Tipp 80–88

- Die Schüler unterstützen sich gegenseitig beim Lernen (Tipp 80–88).
- Nach wiederholt unentschuldigtem Fehlen finden Gespräche mit den Erziehungsberechtigten des betreffenden Schülers statt.

- Es besteht Kontakt zu den Jugendhilfe-Einrichtungen der Stadt bzw. der Region.
- Schüler mit sonderpädagogischem Förderbedarf haben eine genaue Lernstandsdiagnose erhalten. Ein Förderplan ist erarbeitet, der den Beteiligten bekannt ist und der auch umgesetzt wird.
- Die Lehrer machen jedem Schüler die für ihn geltenden Leistungserwartungen transparent und helfen ihm, sie nachzuvollziehen.

Gleich mal ausprobieren

Entwickeln Sie – am besten im Zusammenschluss mit Kollegen – ein systematisches, individuelles und fachspezifisches Differenzierungskonzept für jede Jahrgangsstufe. Folgende Fragen können Ihnen hierbei Klärungshilfe sein:
- Welche Differenzierungskriterien sind mir persönlich für meinen Unterricht/sind uns für unser Unterrichtsfach besonders wichtig?
- Welche Differenzierungsverfahren will ich in meinem Unterricht/wollen wir in unserem Unterricht systematisch weiter ausbauen?
- Von welchen „Lerner-Voraussetzungen" gehe ich/gehen wir beim Differenzieren aus (Tipp 15)? ❯ Tipp 15
- Welche Wirkungen erhoffe ich mir/erhoffen wir uns vom Differenzieren für den übrigen Unterricht?
- Woran und wodurch will ich/wollen wir die Wirksamkeit der in den Unterricht eingebrachten Differenzierungsmaßnahmen und -methoden überprüfen?

DIFFERENZIERUNGSMÖGLICHKEITEN 9

Die folgende Übersicht zeigt das mögliche Spektrum fachlicher, methodischer und sozialer Differenzierungsmöglichkeiten. Machen Sie sich vor jeder Unterrichtsplanung ganz konkret klar, welche der vorhandenen Möglichkeiten Sie einsetzen können und wollen.

Breites Spektrum

Differenzierungsmöglichkeiten

Schüler *bearbeiten* verschiedene Texte unterschiedlichen Niveaus

Schüler *nutzen* verschiedene Quellen zur Information (differenzierte Arbeitsblätter, Schulbücher, Sachbücher, Zeitungsartikel, Internet)

Schüler *suchen, sichten* und *bearbeiten* Material zu einem Thema

Schüler *bearbeiten* individuelle Aufträge
- Referat
- Erkundung
- Interview
- Präsentation

Schüler *arbeiten und üben* eigenständig
- Stationenlernen
- Freiarbeit
- Arbeits- und Themenpläne

Schüler *erstellen* Übungsmaterial, z.B.
- Lernkärtchen
- Lernspiele

Schüler *lösen eigenständig Probleme* mithilfe von
- offenen Aufgaben
- Aufgaben mit unterschiedlichen Anforderungen

Schüler *helfen* Schülern
- als Experten
- als Helfer
- als Partner

Schüler *suchen* zu einer Unterrichtseinheit selbst die Unterthemen
- Mindmap
- Lernlandkarte
- Projekt

Schüler *arbeiten und lernen* in unterschiedlichen Sozialformen
- Einzelarbeit
- Gruppenarbeit
- Plenum (Klasse)

Schüler *führen* Experimente in Gruppen *durch*

Schüler *leiten* Klassengespräche (Klassenrat)

ALLEIN LERNEN UND ARBEITEN

10

Die Einzelarbeit ist eine der vier Sozialformen, die im Unterricht eingesetzt werden. Sie wird als Unterrichtsmethode verwendet, um insbesondere das individuelle Lernen zu initiieren.

Bei der Einzelarbeit erhalten die Schüler von der Lehrkraft eine Aufgabe, die jeder individuell nach seinen eigenen Fähigkeiten und im persönlichen Lerntempo bearbeiten kann. Im differenzierten Unterricht bietet Einzelarbeit insofern vor allem die Möglichkeit, den Lernern unterschiedliche Arbeitsaufträge je nach Leistungsniveau zu erteilen.

Individuell angepasste Arbeitsaufträge

Arbeitsaufträge, die in Einzelarbeit bearbeitet werden, können mindestens in folgende drei Kategorien untergliedert werden:

Kategorien von Arbeitsaufträgen

Arbeitsaufträge für
- die ganze Klasse.
  Vorteil: Es wird nur ein Arbeitsauftrag erteilt (Arbeitserleichterung für die Lehrkraft).
  Nachteil: Der Arbeitsauftrag muss dem mittleren Leistungsniveau der Klasse angepasst werden.
- unterschiedliche Gruppen.
  Vorteil: Es werden wenige Arbeitsaufträge verteilt.
  Nachteil: Die Schüler neigen zur Partner- bzw. Gruppenarbeit (Tipp 11, 13). Die individuelle Lernaktivierung findet weniger konzentriert statt.

▶ Tipp 11, 13

- jeden einzelnen Schüler.
  Vorteil: Jeder Schüler erhält seinem Leistungsniveau entsprechendes Material und kann das Lerntempo selbst bestimmen.
  Nachteil: Der organisatorische Aufwand ist hoch.

Achtung!
Einzelarbeit bietet sich vor allem in Wiederholungs-, Vertiefungs- und/oder Sicherungsphasen an. Sie eignet sich weniger für Erarbeitungsphasen.

Um die Ecke gedacht

> Aus lernpsychologischer Sicht ist Einzelarbeit sinnvoll, weil Lernprozesse bei jedem Schüler individuell initiiert werden müssen.

11 ZU ZWEIT VEREINBARUNGEN TREFFEN

> Tipp 10

Geeignet für Erarbeitungsphasen

> Tipp 13

Geringer organisatorischer Aufwand

Eine weitere Sozialform neben der Einzelarbeit (Tipp 10) ist die Partnerarbeit. Sie stellt eine Form des kooperativen Unterrichts dar. Partnerarbeit bietet sich vor allem in Erarbeitungsphasen an, nachdem zuvor in eine Thematik eingeführt wurde. Der Arbeitsauftrag ist bei der Partnerarbeit eindeutig mit Zeit- und Zielvorgabe zu definieren, da sich die Partner sonst schnell verzetteln können. Die Vorteile der Partnerarbeit liegen vor allem darin, dass sie gegenüber der Gruppenarbeit (Tipp 13) mit einem geringeren organisatorischen Aufwand durchgeführt werden kann. Der Lehrer sollte sich vor Beginn der Partnerfindung stets Gedanken über die Zielsetzung der Bearbeitung der Aufgaben und über den Sinn und die Intention der Partnerarbeit machen.

Gleich mal ausprobieren

> Zur Einteilung von Partnerschaften bietet sich folgende Zufallsmethode an:
> Puzzleteile, die z.B. aus einem Motiv bestehen, werden jeweils halbiert. Jeder Schüler erhält ein Teil. Die zusammengehörigen Hälften müssen sich nun finden.
> Variante: Die „Puzzleteile" können aus bekannten Melodien (Liedanfänge, Refrains) bestehen, die von den Schülern gesungen werden, während sie durch den Raum wandern und ihren entsprechenden Partner akustisch suchen.
> Je nach Intention kann die Lehrkraft Einfluss auf Zufallspartnerschaften nehmen, indem sie die Puzzleteile so verteilt, dass beispielsweise leistungsheterogene bzw. leistungshomogene Zweiergruppen gebildet werden.

Achtung!

Im Sinne einer angemessenen didaktischen Differenzierung sollte stets darauf geachtet werden, dass zur Vermeidung des Organisationsaufwands, der entsteht, wenn Schüler sich extra zu Paaren zusammensetzen müssen, nicht nur Zufallspartnerschaften gebildet werden – zumal dann didaktisch kein Einfluss mehr genommen werden kann. Es ist also auch durchaus möglich, die jeweiligen Partner zu bestimmen (z. B. die Tischnachbarn). Wenn zwischen zwei Schülern aber eine Abneigung besteht, ist es ratsam, die Partnerarbeit zwischen ihnen nicht zu erzwingen. Die Bewältigung der Aufgabe läuft in einem solchen Fall eher auf eine Einzelarbeit als auf eine konstruktive kooperative Partnerarbeit hinaus.

Genauso sollte bedacht werden, ob die Zusammenarbeit zweier besonders leistungsschwacher bzw. -starker Schüler bei einer bestimmten Aufgabe sinnvoll ist.

Bei einer ungeraden Anzahl von Schülern in einer Klasse können sich manche, wenn sie keinen Partner finden, schnell als Außenseiter fühlen. Daher müssen Dreierkonstellationen vom Lehrer unbedingt toleriert werden.

Dialoge entwickeln

12 Partnerarbeit

Das Wort „Dialog" impliziert die Sozialform der Partnerarbeit bereits. Die Schüler in Partnerarbeit Dialoge entwickeln zu lassen, ist z. B. eine wichtige Aufgabenform im Unterrichtsfach Englisch, dessen Schwerpunkt in der Förderung bzw. Bildung kommunikativer Kompetenzen liegt – mit einem besonderen Augenmerk auf dem Kompetenzbereich „Sprechen". Sie kann differenziert nach unterschiedlichen Leistungsniveaus gestellt werden. Wie im vorangegangenen Tipp 11 geschildert, können sowohl Zufallspartnerschaften als auch Paarbildungen nach bestimmten Kriterien erfolgen – dies geschieht nach Intention der Lehrkraft.

❯ Tipp 11

Gleich mal ausprobieren

Die Schüler sollen einen Dialog zum Themenbereich „Shopping" entwickeln mit dem Ziel, diesen später zu präsentieren. Ihnen werden differenzierte Arbeitsmaterialien auf drei Stufen zur Auswahl gestellt:
- fertige, durcheinandergeratene Dialoge, die in eine logische Reihenfolge gebracht werden müssen;
- Dialoge mit Lücken, die sinnvoll mit entsprechenden Vokabeln ausgefüllt werden müssen;
- Beispiele von Phrasen, die selbstständig passend zur eigenen Situation um- und weiterformuliert werden müssen.

Der Dialog soll in Partnerarbeit angefertigt und gespielt werden. In diesem Fall ist die Bildung von Paaren auf gleichem Leistungsniveau dringend erforderlich.

13 IN DER GRUPPE KOOPERIEREN

›Tipp 10, 11

Gruppenarbeit ist neben der Einzel- und Partnerarbeit (Tipp 10, 11) eine weitere Sozialform, die im Unterricht eingesetzt werden kann und wie die Partnerarbeit eine Form des kooperativen Unterrichts darstellt.

Die Intention der Lehrkraft entscheidet über die Gruppenbildung. Das heißt, dass sich in der Klasse sowohl Zufallsgruppen als auch bewusst organisierte Gruppen bilden können.

Kriterien der Gruppenzusammensetzung

›Tipp 15

›Tipp 16

Die Gruppenzusammensetzung kann nach folgenden Kriterien erfolgen:
- nach Lernvoraussetzung (leistungsheterogene bzw. leistungshomogene Gruppen) (Tipp 15),
- interessenbezogen,
- nach Lerntypen (Tipp 16),
- sozial und integrativ,
- geschlechtsspezifisch,
- multikulturell,
- nach dem Prinzip der Einbindung von Außenseitern.

Achtung!

Gruppenarbeit ist nicht automatisch eine wertvolle Unterrichtsmethode, denn sie muss gelernt werden. In ungeübten Gruppen kann es schnell chaotisch zugehen. Die Erfahrung zeigt, dass dies häufig dann der Fall ist, wenn die Gruppe die Anzahl von vier Schülern übersteigt. Um eine erfolgreiche Gruppenarbeit gewährleisten zu können, muss sich außerdem zunächst der Lehrer die Methodenkompetenz „Gruppenarbeit" aneignen, bevor er diese in Form von Arbeitstechniken und Lernkompetenzen an seine Schüler weiterleitet.

Gleich mal ausprobieren

Eine organisatorisch sinnvoll durchgeführte Gruppenarbeit ist gewährleistet, wenn innerhalb der Gruppe „Spezialisten" ernannt werden, die die Phasen der Zusammenarbeit anhand bestimmter Kriterien beobachten und gegebenenfalls einschreiten, wenn entsprechende Regeln und Vereinbarungen missachtet werden. Folgende „Spezialisten" sind hilfreich: Wächter der Zeit, Beobachter der Gesprächsregeln, Materialcoach, Schriftführer. Bei der Vergabe dieser Ämter sollten die individuellen Lern- und Sozialkompetenzen der Schüler berücksichtigt werden.

ZUFÄLLIG ZUSAMMENFINDEN

14

Die Bildung von Zufallsgruppierungen fällt in den Bereich der sogenannten schulorganisatorischen Differenzierung (Tipp 6). Dabei kann die Zusammenstellung der Gruppen auf unterschiedliche Weise erfolgen:

> Tipp 6

Verfahren zur Bildung von Zufallsgruppierungen

- Aus organisationstechnischen Gründen bleiben die Schüler auf ihrem Platz sitzen und bilden mit ihren Nebensitzern arbeitsfähige Gruppen.
- Die Aufteilung in gleich große Gruppen erfolgt nach dem „Abzählprinzip" (Gleichverteilung).

- Das Auslosen oder Auswählen bestimmter Farben, Karten usw. ergibt bunt zusammengewürfelte Gruppen.
- Es bilden sich Freundschaftsgruppen oder Lernverbände, die ihre gegenseitigen Sympathien und Abneigungen geklärt haben.

Achtung!
Überlegen Sie gut, ob die Gruppenbildung nach solchen Zufallskonstellationen für die jeweilige Unterrichtssituation wirklich sinnvoll ist. Das Zufallsprinzip kann in der Klasse nämlich auch zu Miss-Stimmung führen. Besonders beim Abzählen der Schüler, das meistens der Lehrer übernimmt, wird ihm automatisch der Schwarze Peter zugeschoben, weil er, wenn auch unbewusst und willkürlich, die Gruppen in einer bestimmten Weise angeordnet hat.

Gleich mal ausprobieren
Legen Sie das Abzählen in die Verantwortung der Schüler. Wählen Sie dafür bestenfalls beliebte und durchsetzungsfähige Schüler, dann können Miss-Stimmungen weitgehend vermieden werden.

SOS-Tipp
Auf Nörgeleien der Schüler, dass sie mit bestimmten Mitschülern nicht zusammenarbeiten wollen, sollte nur bedingt eingegangen werden. Machen Sie den Schülern klar, dass es zur Aufgabe dazugehört, mit den anderen Gruppenmitgliedern klarzukommen. Weisen Sie darauf hin, dass es spätestens im Berufsleben wichtig ist, mit allen Menschen zusammenarbeiten zu können. Dies kann in einer Zufallsgemeinschaft, die zunächst unglücklich ist, hervorragend gelernt werden.

LERNVORAUSSETZUNGN BEACHTEN

15

Wenn Schüler aufgrund ihrer Leistungsfähigkeit, ihrer individuellen Interessen oder aus sozial-integrativen Gründen unterschiedlichen Lerngruppen zugeordnet werden, handelt es sich um eine Differenzierung nach Lernvoraussetzungen, die auf der Ebene der schulorganisatorischen Differenzierung anzusiedeln ist (Tipp 6). Die Gruppen können sich anhand folgender Kriterien bilden:

❯ Tipp 6

Kriterien zur Gruppeneinteilung

- Die Lerngruppe wird leistungsabhängig in entweder weitgehend homogene oder weitgehend heterogene Gruppen aufgeteilt.
Die Aufteilung der Gruppen nach Leistungsfähigkeit ermöglicht den Schülern mit hohem Anspruchsniveau ein tieferes Eindringen in ein bestimmtes Unterrichtsthema.

Achtung!
Manche Lehrer neigen dazu, leistungsfähigeren Schülern einfach nur mehr Material zu geben. Dies ist jedoch nicht im Sinne der Differenzierung nach Lernvoraussetzungen. Sie sollten vielmehr versuchen, den überdurchschnittlich schnellen bzw. leistungsfähigen Lernern Material mit höherem Schwierigkeitsgrad anzubieten, was gleichzeitig zeitintensiver in der Bearbeitung ist. Bezüglich der Textarbeit wären dies beispielsweise Aufgaben aus dem Anforderungsbereich III „Beurteilen" (Tipp 58).

❯ Tipp 58

- Die Lerngruppe wählt interessenbezogene Aufgabenangebote aus, wodurch sich eine Aufteilung in Gruppen, möglicherweise auch Einzelarbeit ergibt.
Z. B.: Die Schüler beschäftigen sich mit dem Thema „Wüste". Durch differenzierte Lernangebote wie etwa wissenschaftliche Experimente, das Schreiben von Texten bzw. das Gestalten von Collagen und Bildern zum Thema, haben die Schüler die Möglichkeit, ihren individuellen Interessen und ihrem Lerntyp entsprechend etwas über die Wüste zu erfahren.

SCHÜLER LERNEN IN UNTERSCHIEDLICHEN SOZIALFORMEN

- Die Lerngruppe setzt ihren Schwerpunkt auf die Sozialisation und Integration nicht nur der verschiedenen Lerntypen, sondern bildet z. B. geschlechtsspezifische oder multikulturelle Gruppen und bezieht Behinderte sowie Außenseiter bewusst ein.

Z. B.: Die Schüler bereiten sich auf eine Vortragsreihe zum Thema „Religionen der Welt" vor. Mehmet, Ali und Sebnem sind Islam-Experten, weil sie dieser Religion von Geburt an angehören und sie in ihren Familien praktizieren. Anstatt die drei Schüler als Außenseiter zu betrachten, wird ihr Wissenspotenzial zur Erarbeitung des Themas genutzt.

16 DEN LERNTYPEN GERECHT WERDEN

Vier Grundlerntypen

Die Praxiserfahrung zeigt, dass Schüler unterschiedliche Arten des Lernens bevorzugen und mit bestimmten Lernstrategien besonders erfolgreich abschneiden. Manche Schüler können sich den Unterrichtsstoff gut merken, wenn sie ihn lesen, andere wenn sie ihn vom Lehrer oder einem Mitschüler beispielsweise im Rahmen einer Präsentation hören. Manche prägen sich den Lernstoff am besten beim Schreiben ein und wiederum andere, wenn sie mit jemandem darüber sprechen. Aus diesen Erkenntnissen ergeben sich die vier Grundlerntypen:
- auditiver Lerntyp,
- visueller Lerntyp,
- kommunikativer Lerntyp,
- motorischer Lerntyp.

Um die Ecke gedacht

Zum Lernen gebrauchen wir die Sinnesorgane. Eine wichtige Aufgabe der Schule bzw. des Lehrers ist es daher, die Voraussetzungen und Möglichkeiten dafür zu schaffen, dass der Unterricht diese möglichst vielseitig anspricht.

Achtung!

Damit Schüler optimal lernen können, ist es wichtig, dass sie die unterschiedlichen Lerntypen kennen, dafür sensibilisiert werden und sich darüber bewusst sind, welchem Lerntyp sie persönlich angehören, d. h., welche Lernstrategien für sie besonders effektiv sind.

Die jeweiligen Eingangskanäle lassen sich durch differenzierten Unterricht ansprechen, der möglichst alle Lerntypen einbezieht. Dies erfolgt anhand der didaktischen Aufbereitung des Materials und ist methodisch am besten im „offenen Unterricht" zu realisieren, z. B. beim Lernen an Stationen, bei der Planarbeit usw. Weitere Beispiele zur methodischen Umsetzung und den daraus resultierenden Differenzierungsmöglichkeiten finden sich im Kapitel „Schüler arbeiten und üben selbstverantwortlich" (Tipp 22–29).

> Offener Unterricht

> ❱ Tipp 22–29

17 NACH NEIGUNG ZUSAMMENARBEITEN

Nicht nur die Berücksichtigung unterschiedlicher Lerntypen (Tipp 16), sondern auch der Einsatz verschiedener Unterrichtsmethoden und -medien ermöglicht eine Differenzierung nach Neigungen und Medienkompetenz.

> ❱ Tipp 16

Die Zusammensetzung der Gruppen kann nach folgenden Kriterien erfolgen:

- Die Lerngruppe wird mit Blick auf visuelle, auditive oder haptische Lernstrategien der Schüler aufgeteilt.
- Kleinere Gruppen entstehen durch unterschiedliche Erarbeitungs- und Präsentationstechniken (z. B. mündlich, schriftlich, szenisch, algorithmisch).
- Die Lerngruppe teilt sich bedingt durch die Verwendung unterschiedlicher Materialien oder Medien auf (z. B. eine Teilgruppe arbeitet mit dem Computer, alle arbeiten mit unterschiedlicher Software (Tipp 75), mehrere Visualisierungsmedien werden eingesetzt usw.).

> Kriterien der Gruppenzusammensetzung

> ❱ Tipp 75

SCHÜLER LERNEN IN UNTERSCHIEDLICHEN SOZIALFORMEN   33

Achtung!

Es ist wichtig, dass Sie als Lehrkraft die unterschiedlichen Wege der Schüler auch wirklich zulassen. Außerdem muss jeder Arbeitsauftrag mit einer klaren Zielvorgabe verbunden sein, die die Fragen „Was soll am Ende dabei herauskommen?" bzw. „Was erwarte ich mindestens von euch/dir?" klar und deutlich für die Schüler beantwortet.

Gleich mal ausprobieren

Teilen Sie unter Mitwirkung der Schüler die Lerngruppe in Kleingruppen auf und bestimmen Sie gemeinsam die Erarbeitungs- und Präsentationstechniken. Nun können Schüler differenziert für bestimmte Tätigkeiten als „Experten" eingesetzt werden. Achten Sie dabei sehr genau auf die besonderen Fähigkeiten der Einzelnen: Hat z. B. ein Schüler Erfahrungen mit Präsentationen auf dem Laptop, so sollte er sie einbringen können, während Schüler mit Stärken im mündlichen Vortrag als Moderatoren geeignet sind usw.

18 ZU THEMEN DIFFERENZIERT ARBEITEN

› Tipp 6

Als weitere Möglichkeit der schulorganisatorischen Differenzierung (Tipp 6) bietet sich diejenige nach Unterrichtsinhalten bzw. Themen an. Folgende Vorgehensweisen sind denkbar:

Vorgehensweise themenbezogener Differenzierung

- Die Lerngruppe arbeitet gemeinsam an und zu einem Thema. Durch unterschiedliche Schwerpunkte können sich Gruppen bilden, der Unterrichtsinhalt ist aber grundsätzlich gleich.

› Tipp 13
- Die Lerngruppe arbeitet in kleinen Gruppen (Tipp 13) zu sehr unterschiedlichen Themen. So können z. B. zu einer Unterrichtseinheit verschiedenste Teilaspekte behandelt und erschlossen werden.
- Die Untergruppen einer Lerngruppe arbeiten individualisiert nach Aufgabenstellungen.

Achtung!

Die Differenzierung nach Unterrichtsinhalten schließt eine solche nach Lernvoraussetzungen, unterschiedlichen Lerntempos, Lernstilen usw. nicht von vornherein aus. Je nach Intention und Zielsetzung der Lehrkraft kann eine Lerngruppe mit einem bestimmten Themenschwerpunkt beispielsweise aus Schülern mit völlig unterschiedlichen Lerntempos zusammengesetzt sein. In solch einer Situation ist es sinnvoll, weitere differenzierende Maßnahmen zu ergreifen, z. B. didaktisch aufbereitetes Material einzusetzen: Langsam lernende Schüler erhalten vorbearbeitetes Material, während überdurchschnittlich schnelle Lerner Material mit höherem und/oder zeitintensiverem Schwierigkeitsgrad bekommen.

Unterrichtsgespräche führen

19

Als gemeinsamer Unterricht wird die Form des Unterrichtens bezeichnet, die über größere Strecken frontal vor der gesamten Klasse abläuft. Das fragend-entwickelnde Unterrichtsgespräch in Kombination mit dem Lehrervortrag ist die vorherrschende Methode. Alle Formen des Frontalunterrichts sollten allerdings so gestaltet werden, dass jeder einzelne Schüler mit seinem individuellen Wissensstand und seinen jeweiligen Lernvoraussetzungen (Tipp 15) davon angesprochen wird. Das fragend-entwickelnde Unterrichtsgespräch ist also auch nur dann erfolgreich, wenn der Lehrer seine Fragen und Erläuterungen so differenziert, dass alle Schüler den Sinn verstehen und somit in der Lage sind, zu antworten.

❯ Tipp 15

Gute Präsentationen und Vorträge geben den schwächeren Schülern Hilfestellungen für das Verständnis und ermöglichen den stärkeren Lernern eigenständige Interpretationen und „Gedankensprünge". Ein wichtiges Hilfsmittel ist hierbei das Visualisieren.

Differenziertes Begleitmaterial

Bei allen Lehr- und Klassengesprächen sollte schon in der Vorbereitung überlegt werden, wie durch differenziertes Begleitmaterial das Verständnis erleichtert werden kann, z. B. durch:
- eine den Vortrag begleitende Stichwortliste, die die Schüler abhaken können,
- bildhafte Darstellungen, die die sprachlichen Äußerungen interpretieren,
- Visualisierungen (Tafel, Flipchart, Computer),
- eine klare Strukturierung des Vortrags anhand eines Ablaufplans oder eines Programms,
- Merkzettel, die vorher an die Schüler verteilt werden (Tipp 76).

› Tipp 76

Gleich mal ausprobieren

Testen Sie unterschiedliche Arten des Vortragens in zwei parallelen Lerngruppen. Halten Sie in der ersten Gruppe zu einem bestimmten Thema einen Vortrag ohne jegliche Hilfsmittel. Wiederholen Sie in der zweiten Lerngruppe den Vortrag, aber greifen Sie dabei auf oben genanntes Begleitmaterial zurück. Vergleichen Sie anschließend die Wirkung der beiden Vorträge, indem Sie die Schüler jeweils einen Test über die im Rahmen Ihres Referats vermittelten Inhalte schreiben lassen.

20 FLEXIBLE LERNZIELE FORMULIEREN

Methodeneinsatz schafft facettenreiche Lernziele

Lernziele werden formuliert und dem Schüler mithilfe verschiedener pädagogischer Analyseinstrumente, z. B. dem Einsatz entsprechender methodischer Mittel, anhand der jeweiligen Unterrichtsthemen nahegebracht.

Eine Analyse des eigenen Unterrichts zeigt, dass die verschiedenen Unterrichtsinhalte, wenn unterschiedliche Methoden eingesetzt werden, facettenreiche Lernziele beinhalten, sodass die Notwendigkeit einer starren Lernzielvorgabe gar nicht mehr bestehen muss.

Achtung!
> Eine starre Lernzielformulierung ist im heutigen Schulalltag längst überholt und steht einem differenzierten Unterricht entgegen!

Gleich mal ausprobieren
> Legen Sie beim Planen einer Unterrichtsstunde (auch Unterrichtseinheit) ein Lernziel fest, das alle Schüler erreichen müssen. Gehen Sie den geplanten Unterrichtsverlauf im Kopf durch und versuchen Sie, auf der Grundlage des ersten Lernziels als unterste Stufe mithilfe methodischer Mittel und dem Einsatz von Unterrichtsmaterialien weitere höhere Stufen als Lernziele festzulegen.

Ein Beispiel:
Mathematik, 5. Klasse,
Thema: Wahrscheinlichkeitsexperiment mit zwei Würfeln
Die Schüler sollen …
1. ihre Vorstellungen über „Wahrscheinlichkeit" und „Zufall" in Bezug auf das Ausgangsproblem mit zwei Würfeln diskutieren.
2. die Ausfälle des Wahrscheinlichkeitsexperimentes korrekt dokumentieren, indem sie die Augensummen (beider Würfel) auf der Steckleiste durch Aufstecken eines Steckwürfels festhalten.
3. ihre Beobachtungen der im Säulendiagramm dargestellten Daten/Sachverhalte verbalisieren.
4. die Darstellungsmöglichkeiten der verschiedenen Augensummen (Additionsaufgaben, Zahlzerlegungen) in Form einer Tabelle wiedergeben.
5. Vermutungen und Begründungen für die Häufigkeit der einzelnen Ausfälle nennen.

Die Stufung der Lernziele zeigt, dass jeder Schüler in der Lage sein muss, dass Experiment korrekt durchzuführen (Lernziel 1 und 2). Eine weitere Stufe stellt das Verbalisieren dar (Lernziel 3). Die höchste Stufe (Lernziel 4 und 5) erfordert von den Schülern eine Transferleistung. Zudem wird eine neue Handlungsebene, die symbolische Ebene, angesprochen. Das selbstständige Erkennen des mathematischen Phänomens wird voraussichtlich nur von wenigen Schülern erreicht.

Sich selbst einschätzen

21

Aus dem Lernangebot nach individuellem Leistungsstand wählen

Schüler müssen ihr eigenes Leistungsniveau zunächst selbst einschätzen, bevor sie ein differenziertes Lernangebot wahrnehmen. Nur dann können sie aus dem Aufgabenangebot entsprechend auswählen, es differenziert nutzen und nach ihren individuellen Kenntnissen und Kompetenzen lernen. Die unterschiedlichen Lernangebote, Lernarrangements, Themenangebote usw., die in diesem Kapitel methodisch beschrieben werden, können nur dann sinnvoll aufgebaut werden, wenn sie die Schüler zum einen unmittelbar bei ihrem Leistungsstand „abholen" und wenn die Schüler diesen zum anderen sehr genau kennen. So können – z. B. auch in Freiarbeit – je nach Leistungsvermögen weitere Kompetenzen aufgebaut werden.

Achtung!

Schüler neigen oft dazu, bei einem differenzierten Lernangebot die leichteren (bei qualitativer Differenzierung) oder die kürzeren (bei quantitativer Differenzierung) Aufgaben auszuwählen und sich damit selbst zu unterfordern. Aber auch die eigene Überforderung kommt vor. Daher ist es in jedem Fall ratsam, dass die Schüler vor der Auswahl der Aufgaben im Rahmen einer Selbstdiagnose ihr eigenes Leistungsvermögen beurteilen. Ansonsten setzt sich das Prinzip der spontanen Leistungsbereitschaft durch, wie beispielsweise: „Heute bin ich müde und habe keine Lust auf Deutsch. Ich nehme den kürzeren Text ..."

Gleich mal ausprobieren

Die Einschätzung des eigenen Leistungsniveaus hilft Schülern nicht nur bei der Auswahl des angemessenen Lernstoffs, sondern es ist ihnen dadurch beim gemeinsamen Lernen in der Partner- bzw. Gruppenarbeit (Tipp 11, 13) auch möglich, den Mitschülern wichtige Informationen über den eigenen Wissensstand zukommen zu lassen. ❯ Tipp 11, 13

Üben Sie mit den Schülern, den Klassenkameraden solche Signale zu geben, z. B. durch farbige Klammern oder Klebepunkte, die die Schüler selbst auswählen und an ihrer Kleidung befestigen. Jede Farbe steht für einen bestimmten Lerninhalt. Z. B. können Schüler, die im Fremdsprachenunterricht ein Interview durchführen müssen (Tipp 95), zu dem sie ❯ Tipp 95
differenzierte Satzstrukturen (kurze, leichte, bis hin zu komplexeren Frage- und Antwortstrukturen) angeboten bekommen, ihren Mitschülern anhand der jeweiligen Farbe zeigen, welche Satzstrukturen sie anwenden und entsprechend auch beantworten können.

An Stationen lernen

22

Stationenlernen bietet den Schülern eine vielfältige Auswahl hinsichtlich der Methoden und Medien, der Sozialform und des Zeitrahmens. Sie können je nach Interesse und entsprechend ihrer Fähigkeiten Stationen auswählen, die angebotenen Materialien zur Bearbeitung der Aufgaben nutzen oder auch durch eigene Materialien ergänzen.

Die einzelnen Aufgaben der Stationen müssen Selbstkontrolle ermöglichen und einen hohen Aufforderungscharakter haben. Ob sie eher offen (Tipp 31) oder geschlossen gestellt werden, ist dabei unerheblich.

Selbstkontrolle

❯ Tipp 31

Die Lernziele werden im Regelfall für jeden Schüler individuell festgelegt. Ihren Arbeitsplatz wählen sich die Schüler unter Berücksichtigung ihrer individuellen Lerninteressen und -fähigkeiten selbst. Der Lehrer stellt die Lernumgebung und das Materialangebot bereit (Tipp 7).

❯ Tipp 7

SCHÜLER ARBEITEN UND ÜBEN SELBSTVERANTWORTLICH

Gleich mal ausprobieren

An den Stationen werden die vom Lehrer vorbereiteten Lerninhalte als Arbeitsaufträge, Forschungstische, Experimente, Rätselaufgaben, Übungsaufgaben, Lektüreauswahl usw. angeboten. Es empfiehlt sich, die Stationen zu nummerieren und mit griffigen Namen zu versehen. Pflicht- und Wahlaufgaben können unterschieden werden. Hilfreich ist es für die Schüler, ihnen einen Laufzettel mitzugeben, auf dem die einzelnen Stationen aufgelistet sind und als „bearbeitet", „kontrolliert" usw. abgehakt werden können. Zum einen ermuntert er sie zur Selbstkontrolle, zum anderen können die Schüler ihr Lernen so besser organisieren und strukturieren. Besonders wichtig ist die Vorbereitung dieser Unterrichtsform durch den gezielten Aufbau methodischer Handlungskompetenzen.

Um die Ecke gedacht

Stationenlernen kann im Klassenraum stattfinden, indem in den Ecken und gegebenenfalls an zusätzlichen Tischen (je nach Klassenstärke und Themenstellung) eine entsprechende Anzahl von Stationen aufgebaut wird. Stationenlernen kann aber auch „wuchern" und sich aus dem Klassenzimmer auf die Flure und ins Gelände ausweiten. Es gibt dann fließende Übergänge zum sogenannten Lernortenetz der Schule.

Förderung von Kreativität und Handlungsfähigkeit

Die Stationenarbeit fördert die Aktivität und die Kreativität der Schüler, sie übernehmen die Initiative und Verantwortung für ihr Lernen und entwickeln Selbstständigkeit und Handlungsfähigkeit.

Achtung!

Die Vorbereitung des Stationenlernens ist aufwändig. Es bietet sich deshalb an, die Stationen im Team vorzubereiten und in verschiedenen Klassen zu nutzen.

FREI ARBEITEN

23 Individualisierter Unterricht

Freiarbeit ist eine Form des individualisierten Unterrichts, in der die Schüler das Thema, die Methode, den zeitlichen Umfang ihrer Arbeit, die Sozialform und den Einsatz der Lernmaterialien und Medien eigenständig wählen. Sie nutzen bereitgehaltene Lernmaterialien, können ihre Lernaufgaben selbstbestimmt stellen sowie kontrollieren und präsentieren schließlich ihre Arbeitsergebnisse – lediglich die Freiheit, nicht zu arbeiten, besteht nicht.

Die Lehrkraft stellt eine didaktisch gestaltete Lernumgebung her, berät die Schüler bei ihrer Themen- und Methodenwahl und begleitet bzw. unterstützt die Schüler auf ihren Lernwegen. Sie übernimmt somit die Rolle des Lernberaters (Tipp 7).

❯ Tipp 7

Um die Ecke gedacht

> Freiarbeit ist eine Form der inneren Wahldifferenzierung (Tipp 6). Sie berücksichtigt in besonderem Maße die jeweiligen Lernvoraussetzungen und Interessen der Schüler. Dadurch kann sie dazu beitragen, die Individualität der Schüler zu entfalten, ihnen Freiraum für ihre Fantasien und Wünsche zu schaffen und den individuellen Lernrhythmen jedes Einzelnen gerecht zu werden. Durch die unterschiedlichen Formen der selbstbestimmten Tätigkeiten lernen die Schüler, ihre persönlichen Fähigkeiten und Fertigkeiten zu erkennen und eigene Lernwege zu beschreiten. Sie planen ihre Vorhaben, führen sie durch und stellen sich mit ihren Arbeitsergebnissen dem kritischen Urteil der Lerngemeinschaft. Dadurch werden Selbstkompetenz, Methodenkompetenz, Ich-Stärke und Kreativität gefördert.

❯ Tipp 6

Freiarbeit wird durch die Wochenplanarbeit (Tipp 24), die an vielen Grundschulen praktiziert wird, vorbereitet (ist damit aber nicht gleichzusetzen). So können in der Sekundarstufe I die Formen selbstständigen Arbeitens und Ler-

❯ Tipp 24

nens weitergeführt und entwickelt werden. Sind Schüler in Klasse 5 nur unter Anleitung in der Lage, kleine Erkundungsaufträge zu erledigen, so haben sie bis Klasse 10 gelernt, „echte Forschungsfragen" zu bearbeiten und ihre Arbeitsergebnisse zu veröffentlichen. Die Unterrichts- und Lernplanung erfolgt zunächst gemeinsam mit dem Lehrer, bis die Schüler dann schrittweise eigenständig planen und arbeiten können. Auch die Materialien werden anfangs vom Lehrer zur Verfügung gestellt, im Laufe der Jahre dann aber von Schülern, die auf dem jeweiligen Gebiet „Experten"

❯ Tipp 81 (Tipp 81) sind, erstellt, weiterentwickelt oder ergänzt.

Instrumente der Freiarbeit sind Themenbörsen (insbesondere als Unterstützung zur freien Themenwahl) und Tagebücher (als Dokumentation).

Achtung!

Immer wieder werden kritische Anmerkungen zur Freiarbeit laut, weil antriebsschwache und unruhige Schüler, da ihnen die strukturierte Lernsituation fehlt, im Regelfall zu schlechteren Ergebnissen kommen als leistungsmotivierte und ausgeglichene. Dies kann aber durchaus auch als Chance begriffen werden: Der Lehrer sollte diesen Schülern mehr Aufmerksamkeit widmen und ihnen als „Lernförderer" zur Verfügung stehen.

MIT PLÄNEN ARBEITEN

24

❯ Tipp 26

❯ Tipp 25

Arbeitspläne sind Instrumente des Planunterrichts, die in der Regel wochen-, aber auch tages- oder monatsweise (Tipp 26) erstellt und bearbeitet werden. Die Arbeitspläne enthalten Aufgaben und Impulse zur Durchführung kleiner Vorhaben. Sie können sich auf ein Fach (meist Hauptfächer), eine Unterrichtseinheit oder einen Themenbereich (siehe Themenpläne, Tipp 25) beziehen sowie verschiedene Fächer oder Fachgebiete berücksichtigen.

Gegliedert sind die Arbeitspläne in Pflicht- und Wahlaufgaben. Die Schüler bestimmen selbst die Sozialform, das Lerntempo und die Reihenfolge der Bearbeitung. Der Lehrer stellt die Pläne zusammen (mit zunehmendem Alter kann dies zur Aufgabe der Schüler werden), beobachtet den Lernprozess während der Arbeitsplan-Stunden, zieht Schlussfolgerungen für die künftige Gestaltung der Pläne, fördert einzelne Schüler, unterstützt und hilft.

Pflicht- und Wahlaufgaben

Aufgaben des Lehrers

In der Unterrichtspraxis haben sich Wochenarbeitspläne bewährt, die in der Regel von Montag bis Freitag dauern. Dieser Rhythmus hat sich als sinnvoll erwiesen, da so mit dem Ende der Woche den Schülern eine Erholungszeit zur Verfügung steht.

Ein Arbeitsplan kann für alle Schüler einer Klasse gelten, er kann aber auch Aufgaben enthalten, die nur von bestimmten Schülern bearbeitet werden sollen. Der Pflichtteil kann zudem aus zwei oder mehreren Lernangeboten bestehen, beispielsweise aus einem leichten und einem schwierigeren, aus dem sich der Schüler, je nach Einschätzung der eigenen Fähigkeiten, eines auswählt. Genauso kann ein Arbeitsplan verkürzt oder verlängert und dadurch den individuellen Lernvoraussetzungen und -bedürfnissen des Schülers angepasst werden.

Mit dem Plan differenziert arbeiten

Um die Ecke gedacht

In der Arbeitsplanarbeit findet durch innere Differenzierung (Tipp 6) eine starke Individualisierung des Lernprozesses statt. Arbeitspläne sind eine Form der Interessen- und Leistungsdifferenzierung, bei der ein zwischen dem Lehrer und den Schülern vereinbartes, zum Teil fakultatives Lernpensum in einem abgesteckten Zeitrahmen eigenständig erarbeitet werden muss. Die Stärke dieser Methode besteht darin, die Schüler zum selbstständigen Arbeiten anzuleiten und ihnen zu helfen, die dafür erforderlichen Kompetenzen aufzubauen.

❱ Tipp 6

25 THEMATISCHE PLÄNE BEARBEITEN

> Tipp 24

Themenpläne stellen als Instrumente der Planarbeit eine Vertiefung der Arbeitspläne (Tipp 24) dar. Da sie sich im Unterschied zu den Arbeitsplänen immer nur auf ein Fach beziehen, ermöglichen sie eine intensivere Auseinandersetzung der Schüler mit fachspezifischen Problemstellungen, auch und gerade im Bereich der selbstständigen Transferleistungen.

Selbstorganisiertes Lernen

Jeder Themenplan enthält Pflicht-, Wahl- und Zusatzaufgaben. Die Aufgaben und ihre Reihung sind so angelegt, dass die Schüler in der Lage sind, sie selbstständig oder nach einer kurzen Einführung durch den Lehrer zu bearbeiten (selbstorganisiertes Lernen).

Mit dem Themenplan können den Schülern (wenn notwendig individuell verschieden) im Rahmen einer Unterrichtseinheit differenzierte Aufgaben auf mindestens zwei Anspruchsebenen gestellt werden, sodass innerhalb eines Klassenverbandes auf unterschiedlichen Leistungsniveaus gearbeitet werden kann. Die Aufgabenstellungen sollten so sein, dass bei der Bearbeitung vielfältige Lernwege begangen werden (auch handlungsorientierte Elemente).

> Tipp 11
> Tipp 13

Gemeinsame Arbeit findet als Partnerarbeit (Tipp 11) und in Kleingruppen (Tipp 13) statt. Zusätzlich wird in einzelnen Unterrichtsstunden gemeinsam im Klassenverband exemplarisch an Aufgabenstellungen gearbeitet.

Entsprechend dem jeweiligen Arbeitstempo schreiben die Schüler im Verlauf einer Unterrichtseinheit allein oder in Gruppen kurze Zwischentests. Jeder Themenplan schließt außerdem mit einer schriftlichen Arbeit ab.

Hoher Grad innerer Differenzierung

Die Vorteile der Themenplanarbeit – gerade hinsichtlich der Differenzierung – sind:
- Themenplanarbeit fordert und fördert bei den Schülern selbstständiges und selbstkontrolliertes Arbeiten.
- Durch Themenplanarbeit wird der Grad innerer Differenzierung (Tipp 6) verstärkt: Der Lehrer hat die Möglichkeit, kleine Schülergruppen mit identischen Problemen

> Tipp 6

oder Fragestellungen zu betreuen. Leistungsstärkere Schüler können explizit gefordert werden, z. B. durch die Bearbeitung von thematisch weiterführenden Zusatzaufgaben, von umfangreicheren Aufgabenkomplexen und von Referaten, in denen Ergebnisse und Erkenntnisse vorgestellt werden (Tipp 44, 45). Leistungsschwächere Schüler werden vom Lehrer gezielt gefördert.

❯ Tipp 44, 45

- Schüler, die vorrangig Aufgaben auf dem niederen Niveau bearbeiten, haben jederzeit die Möglichkeit, zu anspruchsvolleren Aufgaben zu wechseln, die dem erweiterten Niveau zugeordnet sind, sodass die Durchlässigkeit zwischen den Leistungsbereichen im Klassenverband sehr hoch ist.

Durchlässigkeit zwischen den Leistungsbereichen

- Durch die Zwischentests erhält der Lehrer einen Überblick über den Leistungsstand der Schüler und kann auftretende Lücken gezielt beheben.
- Im Rahmen des Abschlusstests müssen alle Schüler der Klasse gemeinsam in einer Prüfungssituation die erworbenen Kenntnisse und Fähigkeiten anwenden.

Um die Ecke gedacht

Im sinnvollen Wechsel mit weiteren Unterrichtsmethoden ermöglicht der Themenplan den Zusammenhang von Differenzierung und Integration durch Formen der inneren Differenzierung innerhalb eines Klassenverbandes, der als bedeutendes emotionales Bezugssystem für die Schüler erhalten bleibt. Die Schüler können im Klassenverband auf unterschiedlichen Anspruchsniveaus zu einem Thema oder im Rahmen einer Unterrichtseinheit arbeiten, sodass eine äußere Differenzierung (Tipp 5) nicht notwendig ist.

❯ Tipp 5

Aufgaben aus dem Themenplan können auch in einen fächerübergreifenden Arbeitsplan integriert werden, wodurch eine weitere Differenzierung stattfindet: Schüler können nach- oder vorarbeiten, zusätzlich üben, anspruchsvollere oder vertiefende Aufgaben gestellt bekommen usw.

Gleich mal ausprobieren

Erstellen Sie nach dem Beispiel unten einen Plan, der einen Themenbereich oder eine Unterrichtseinheit umfasst, und teilen Sie ihn in der Klasse aus (in höheren Klassen sollten die Schüler in die Planung und Gestaltung eingebunden werden). Die Schüler bekommen so zu Beginn ihrer Arbeit einen Überblick über das, was in nächster Zeit auf sie zukommt. Nehmen Sie den Einstieg in den Themenplan im Klassenverband vor – exemplarisch und handlungsorientiert.

Ausschnitt Themenplan, Mathe 7. Klasse, Geometrie I

1. Einstieg in die Unterrichtseinheit
Spielt zu zweit das Spiel „Fische angeln". Das Arbeitsblatt zum Spiel findet ihr in der Matheablage.

2. Wiederholung des Koordinatensystems

Grundaufgabe	erledigt am:	Erweiterungsaufgabe	erledigt am:
Arbeitsblatt 1			
Arbeitsblatt 2.1		Arbeitsblatt 2.2	
Arbeitsblatt 3.1		Arbeitsblatt 3.2	

3. Spiegelungen

Grundaufgabe	erledigt am:	Erweiterungsaufgabe	erledigt am:
Arbeitsblatt 4.1		Arbeitsblatt 4.2	
Arbeitsblatt 5.1		Arbeitsblatt 5.2	

4. Verschiebungen
(…)

MIT MONATSPLÄNEN VERTIEFEN
26

Mithilfe der Monatspläne können Unterrichtsinhalte, die über das im Klassenunterricht vorgesehene Lernangebot hinausgehen, erweitert werden. Sie stellen somit als Instrument der Planarbeit eine Vertiefung der Themenpläne (Tipp 25) dar.

❯ Tipp 25

Die „Aufgabe des Monats" wird den Schülern in einem für sie offenen Monatsplan, der beispielsweise an einer Pinnwand im Klassenraum aushängt, präsentiert und detailliert in einzelnen Schritten beschrieben. Während der Arbeitsphasen im offenen Unterricht können sich die Schüler über die Aufgabe informieren und sie je nach Interesse bearbeiten. Die Materialien werden didaktisch aufbereitet, d. h., die Aufgaben sind so gestellt, dass sich die Schüler die Inhalte schrittweise selbst erarbeiten können.

Achtung!

> Die „Aufgabe des Monats" sollte auf keinen Fall den Charakter einer Arbeitsblattsammlung annehmen, sondern die Aufgaben sollten so gestaltet werden, dass sie die Schüler auch wirklich ansprechen. Die Schüler dürfen nicht, wie häufig im Unterrichtsalltag, das Gefühl haben, eine Fülle von Arbeitsblättern zur Vertiefung eines Themas „abarbeiten" zu müssen. Vielmehr sollten beispielsweise auch handlungsorientierte Arbeitsaufträge zur Verfügung gestellt werden. Durch das Einteilen der Aufgabe in mehrere Arbeitsschritte und die Anzahl an Unterrichtsstunden, die den Monat über zur Verfügung stehen, wird ein „projektartiges" Arbeiten ermöglicht, das die Schüler zugleich motivieren soll.

Man kann die Monatsaufgabe in den Wahlteil eines Arbeitsplans (Tipp 24) integrieren. Es muss dann aber darauf geachtet werden, dass das Angebot auch mindestens vier Wochen lang im Wahlteil aller folgenden Arbeitspläne vorkommt.

❯ Tipp 24

> Tipp 61

Gleich mal ausprobieren

Suchen Sie die „Aufgabe des Monats" aus dem Themenüberschuss der Lehrbücher heraus, denn über die Inhalte, die im Unterricht behandelt werden, hinaus bieten Schulbücher häufig eine Reihe von interessanten Lernangeboten, die oft nicht genutzt werden (Tipp 61).

Eine Facharbeit verfassen

27

Fachliche und didaktische Ansprüche

Fach- oder Jahresarbeiten sind auf dem Vormarsch. Während man sie früher nur in wenigen Bundesländern als freiwillige Leistung in der Oberstufe kannte, werden sie mittlerweile immer häufiger und auch in der Sekundarstufe I eingesetzt. Woher dieser Erfolg?

Eine Fach- oder Jahresarbeit ist eine selbstständige schriftliche Einzelleistung zu einem mit dem Lehrer vereinbarten Thema (bei Teamarbeit muss eindeutig zu erkennen sein, wer welche Teile verfasst hat). Sie sollte aus dem Unterricht erwachsen und in ihren Ergebnissen wieder in den Unterricht einfließen. Deshalb gehört sie nach der Logik des Grundformen-Schemas zum individualisierten Unterricht. Folgende fachliche und didaktische Ansprüche werden an die Facharbeit gestellt:

- Das Thema sollte sich aus dem Fachunterricht ergeben. In der Facharbeit muss es dann aber insofern vertieft und erweitert werden, dass es eine qualitativ neue Dimension erreicht.
- Die Schüler haben während der Anfertigungszeit zwar Anspruch auf regelmäßige Betreuung durch den zuständigen Lehrer, diese erfolgt aber ausschließlich in Form von beratenden Tipps, letztlich muss jeder Schüler die Arbeit selbstständig anfertigen.
- In der Sekundarstufe II schließlich sollte die Facharbeit wissenschaftspropädeutisch orientiert sein, also die Schüler qualifizieren, selbst in Theorien zu denken und Theorien zu entwerfen.

- Bei der Anfertigung der Facharbeit sollen die Schüler die Fähigkeit erwerben, selbstständig eine umfangreichere schriftliche Arbeit mit einem angemessenen Instrumentarium an Wissen und fachlichen Kenntnissen über einen längeren Zeitraum zu erstellen.
- Ein nicht unwichtiger letzter Aspekt ist die Präsentation. Die Schüler sollen auch lernen, wie sie das in der Facharbeit gewonnene Wissen an die Lerngruppe weitergeben können (Tipp 44, 45, 46).

> Tipp 44, 45, 46

Die Facharbeit bereitet also nicht nur direkt auf das spätere (akademische) Arbeiten vor, sondern stellt ein ausgezeichnetes Instrument zur individuellen Differenzierung dar. So kann sie wissenschaftlichen (bzw. wissenschaftspropädeutischen), künstlerischen oder handwerklichen Charakter haben und wird damit den verschiedenen Begabungen der Schüler differenziert gerecht. Außerdem haben die Schüler in einem relativ weiten zeitlichen Rahmen die Möglichkeit, eine differenzierte und begründete Position gegenüber einer Thematik zu entwickeln; sie trainieren so Ausdauer und Kritikfähigkeit. Vorteilhaft ist hier vor allem die Unabhängigkeit von Situationsfaktoren (wie bei einer schriftlichen oder mündlichen Prüfung).

Instrument zur individuellen Differenzierung

Die ausdrücklich gewünschte Einbeziehung von Hilfsmitteln wie Lexika, Quellentexten, Enzyklopädien, Interpretationen, Erläuterungen und nicht zuletzt dem Internet schließlich generiert die Ähnlichkeit zu beruflichen Arbeitsformen, macht unabhängig von der Speicherung überflüssigen Depotwissens und lässt so die ausschließliche Konzentration auf die individuelle Auseinandersetzung mit dem Thema zu.

Achtung!
Denken Sie daran: Eine Facharbeit fällt nicht vom Himmel! Bahnen Sie daher die nötigen Kompetenzen bei Ihren Schülern frühzeitig an.

Zu Hause üben

28

Hausaufgaben werden von den Schülern in Eigenregie durchgeführt. Sie werden in der Regel außerhalb der Unterrichtszeit, d. h. zu Hause oder mit Hilfestellung in der Schule bzw. im privaten Nachhilfestudio erledigt. Letztlich sind sie die gebräuchlichste Form der Ergebnisfestigung und -sicherung. Von den meisten Lehrern werden die Hausaufgaben zu Stundenbeginn besprochen bzw. erläutert und kontrolliert. Sie dienen dann zur übenden Wiederholung oder zur Vorbereitung auf ein neues Thema.

Funktionen von Hausaufgaben

Sinnvoll gestaltete Hausaufgaben können die folgenden Funktionen erfüllen:
- Erlernen des selbstständigen Arbeitens,
- Fortsetzung des Unterrichts,
- übendes Wiederholen,
- Festigung des Wissens,
- Kontrolle des Lehrerfolgs.

Lernerfolg abhängig von individuellen Lernvoraussetzungen

▸ Tipp 15

Der Lernerfolg, der bei erledigten Hausaufgaben erzielt wird, ist abhängig von der Art der Aufgabenstellung und den jeweils individuellen Lernvoraussetzungen des Schülers (Tipp 15).

Achtung!
> Hausaufgaben haben nicht nur positive Auswirkungen. Sie können auch vielerlei Ausreden über das Nichtzustandekommen, das Erfinden von Notlügen, Ängste und nicht zuletzt Stress zu Hause, wenn die Eltern streng auf ihre Erledigung achten, nach sich ziehen. Hier stellt sich die Frage nach der Motivation der Schüler, die Hausaufgaben auch wirklich anzufertigen, und damit nach dem Sinn von Hausaufgaben.

Hausaufgaben sollten regelmäßig kontrolliert werden, denn erst dann ist es den Schülern einsichtig, dass ihre Erarbeitung sinnvoll und eine für den weiteren Fachunterricht notwendige Voraussetzung ist.

Die Bearbeitung der Hausaufgaben kann auf unterschiedlichen Leistungsniveaus erfolgen, der zeitliche Aufwand ist von Schüler zu Schüler sehr unterschiedlich und die Bedingungen, unter denen die Aufgaben jeweils erledigt werden, variieren sehr stark.

Mithilfe von Hausaufgaben können Schüler individuell gefördert werden. Dabei sollte der Lehrer darauf achten, dass die Jugendlichen weder überfordert (zu viele Aufgaben und damit hoher Zeitbedarf) noch unterfordert (nur eine einfache Aufgabe zum schnellen Hinschreiben) werden. Die Ausgewogenheit der Aufgabenstellung kann dabei nur über die Anpassung an die individuellen Lernstände der Schüler erfolgen. Sinnvoll sind auch unterschiedliche Schwierigkeitsgrade oder -stufen in der Aufgabenstellung, die Aufteilung in Pflicht- und Wahlbereiche oder ergänzende Zusatzaufgaben.

Mittel zur individuellen Förderung

Letztlich lernen die Schüler anhand der Hausaufgaben selbstständiges Arbeiten und übernehmen gleichzeitig die Verantwortung für ihren eigenen Lernerfolg.

Achtung!

Manche Lehrer sprechen den Eltern gegenüber Empfehlungen aus, innerhalb welcher Zeit die Hausaufgaben bearbeitet werden sollen, damit sie nicht zeitlich das Lernpensum „sprengen" und somit die Schüler überfordern. Da die Lernenden aber unterschiedliche Lernvoraussetzungen haben und in ihrem individuellen Tempo arbeiten, ist eine solche Zeitvorgabe falsch.

Um Über- oder Unterforderung zu vermeiden, empfiehlt es sich vielmehr, Aufgaben mit Mindestanforderungen und Erweiterungsmöglichkeiten zu stellen, wie zum Beispiel für jüngere Schüler:

Schneckenaufgabe: Aufgabe 1 a) bis c);
Gepardenaufgabe: Aufgabe 1 a) bis c) und Aufgabe 2 d), e).

Eigene Themen finden

29

Eigene Themen oder Schwerpunkte zu einem Oberthema zu finden, ist wohl die freiste und anspruchsvollste Form der individualisierten Arbeit, denn hierbei ergeben sich weit gefasste Möglichkeiten der Differenzierung.

Indem sich jeder einzelne Schüler eigene Themen stellt und individuell Themenschwerpunkte festlegt, fördert und fordert er sich entsprechend seinen Lernvoraussetzungen letztendlich selbst optimal in seinen Fähigkeiten und erweitert seine Kompetenzen. Jeder sucht sich den Zugang und die Vorgehensweisen aus, mit denen er die besten Erfahrungen gemacht hat und am besten lernen kann. Letztlich ist die Voraussetzung für dieses Arbeiten aber, dass der Einzelne sein Leistungsvermögen selbst sehr gut einschätzen kann (Tipp 21).

❯ Tipp 21

Überdurchschnittliche Einsatzbereitschaft

Die Einsatzbereitschaft der Schüler ist bei dieser Form des Unterrichts sehr hoch, sie sind durchaus bereit, auch weit mehr Leistung zu zeigen als sie es im herkömmlichen Unterricht wären.

Die Wahl des eigenen Lerntempos ist ausschlaggebend dafür, dass sich keiner überfordert fühlt und abschaltet. Da lediglich der Zeitrahmen vorgegeben ist, liegt es in der Verantwortung der Schüler, ihre Arbeit so zu planen, dass sie zum Präsentationstermin sinn- und gehaltvolle Ergebnisse vorstellen können.

Achtung!

Die Qualität der Aufgaben und Materialien muss in jeder Phase gesichert werden.

Rolle des Lehrers

❯ Tipp 7

Der Lehrer übernimmt bei dieser Arbeitsweise die Rolle des Lernberaters (Tipp 7).

- Er bespricht mit seinen Schülern im Vorfeld, welche Themen für die einzelnen interessant sind und ihren Neigungen und Fähigkeiten entgegenkommen.
- Er verabredet mit ihnen, welcher Zeitrahmen von allen

eingehalten werden soll und wann die regelmäßigen Treffen stattfinden.
- Er berät die Schüler bei der Themenauswahl und hilft ihnen, entsprechende Fachliteratur, notwendige Materialien und mögliche Medien zu beschaffen oder bereitzustellen.
- Während der Bearbeitungsphasen unterstützt der Lehrer die einzelnen Schüler bei der methodischen Vorgehensweise, bei der Dokumentation ihrer Ergebnisse und bei der sprachlich-inhaltlichen Umsetzung.
- Bei Schwierigkeiten im Erkenntnisprozess bemüht der Lehrer sich um eine lerntypenspezifische Unterstützung der Schüler.

Achtung!

> Eigene „angemessene" Themen zu finden, setzt einen gewissen Trainingsprozess voraussetzt, d. h., man kann nicht erwarten, dass alle Schüler mit dieser differenzierten Vorgehensweise auf Anhieb zurechtkommen. Zu empfehlen ist daher zu Beginn der Sekundarstufe I eine Hinführung der Schüler zum freien Arbeiten über stärker angeleitete Vorgehensweisen.

Aufgaben konstruieren

30

Kompetenzorientierter Unterricht basiert auf den individuellen Stärken und Kompetenzen der Schüler. Ihre außerschulischen und schulischen Alltagserfahrungen bilden das Vorverständnis, auf das die Lernprozesse aufbauen und das bei jeder Aufgabe aktiviert werden muss. Daher sollten wir immer wieder versuchen, möglichst viel über die Lernvoraussetzungen (Tipp 15) und Lernstrategien der Schüler zu erfahren. Dies gelingt uns am besten, wenn die Schüler im Unterricht aktiv handeln und wir sie zu Folgendem auffordern:

❯ Tipp 15

Die Schüler müssen angehalten werden,
- Strategien zu verbalisieren,
- Lösungswege zu beschreiben,
- Probleme zu verdeutlichen,
- Ergebnisse zu begründen.

Aufgaben sind das alltägliche Handwerkszeug des Unterrichts – sowohl für die Schüler als auch für die Lehrer (Hausaufgaben (Tipp 28), Klassenarbeiten, Schulbuchaufgaben (Tipp 61) usw.). Eine Aufgabe ist dann eine gute Aufgabe, wenn ihre Funktion klar und nachvollziehbar ist und damit ein bestimmtes Ziel erreicht werden kann. Nach folgenden Prinzipien sollten Aufgaben konstruiert sein:

› Tipp 28
› Tipp 61

Prinzipien der Aufgabenkonstruktion

- Offenheit,
- Differenzierung,
- Zuverlässigkeit.

Gleich mal ausprobieren

Berücksichtigen Sie bei der Auswahl von Aufgaben aus Schulbüchern oder entsprechenden Aufgabensammlungen sowie beim Konstruieren eigener Aufgaben die folgenden Fragen:
- Welche Funktion hat die Aufgabe?
(Wählen bzw. erstellen Sie nur solche Aufgaben, deren Funktion Sie eindeutig bestimmen können.)
- Eignet sich die Aufgabe zum systematischen Kompetenzaufbau?
- Wie kann ich die Aufgabe zielgerichtet verändern?

Sicher gilt nicht: gute Aufgaben gleich guter Unterricht. Aber gute Aufgaben geben vielfältige Anregungen für eigenständiges Lernen, sie initiieren unterschiedliche Lernwege und lassen Rückschlüsse auf die Leistungen der Schüler zu. Sie helfen somit bei der Reflexion über das Lernen und den Unterricht – sowohl den Schülern als auch den Lehrern.

OFFENE AUFGABEN

31

Schüler individuell fordern

In den meisten Schulbüchern finden sich Aufgaben, die nur eine Lösung zulassen und nach einem entsprechend bekannten und erlernten Verfahren bearbeitet werden sollen. Aufgaben als Handwerkszeug guten Unterrichts erfordern jedoch eine größere Offenheit, damit jeder Schüler individuell gefordert ist, eigenständig Probleme anzugehen. Die sogenannten offenen Aufgaben lassen daher unterschiedliche Lösungswege und Ergebnisse zu und ermöglichen so handelnd-entdeckendes Lernen. Nicht das Ergebnis (fertiges Produkt) zählt, sondern der „Weg ist das Ziel".

Handelnd-entdeckendes Lernen

Sicherlich wird es nicht gelingen, den Unterricht von heute auf morgen mit offenen Aufgaben zu gestalten. Im Regelfall sind die Schüler es nicht gewohnt, eigenverantwortlich nach Strategien und Lösungswegen zu suchen. Es gibt aber Verfahren, mit denen sich die Aufgabenkultur systematisch verändern lässt (s. u.). So können Schüler beispielsweise angehalten werden, Aufgaben für sich oder andere selbst zu entwickeln, indem ihnen die Lösung vorgegeben wird und sie die Fragestellungen dazu ergänzen. Entsprechende Verfahren und Techniken können im Unterricht jedoch nur durch gemeinsames Üben etabliert und gefestigt werden.

Gleich mal ausprobieren

Wählen Sie eine Aufgabe aus dem Schulbuch aus und verändern Sie sie mithilfe folgender Techniken:
- die Begründung für die Vorgehensweise bei der Aufgabenbearbeitung (Strategiefindung) muss von den Schülern ergänzt werden,
- die Ausgangssituation wird variiert,
- es werden verschiedene Methoden zur Auswahl angeboten,
- die Informationen werden minimiert bzw. maximiert,
- die Perspektiven oder Ziele werden verändert,
- das Ergebnis wird vorgegeben, die Aufgabe muss von den Schülern entwickelt werden,
- alltagsrelevante Anwendungszusammenhänge werden eingebaut.

SCHÜLER LÖSEN SELBSTSTÄNDIG PROBLEME

32 DIFFERENZIERENDE AUFGABEN

Aufgaben, die eine einzige mögliche Lösung auf mittlerem Niveau initiieren, sind sicher nicht für alle Schüler geeignet. Einige Lerner werden dadurch unterfordert, andere wiederum überfordert sein. Um jedem Einzelnen individualisiertes Lernen zu ermöglichen, sind daher entweder individualisierte Aufgaben entsprechend den jeweiligen Lernvoraussetzungen notwendig (nicht realisierbar aufgrund der hohen Arbeitsbelastung für die Lehrkraft) oder aber Aufgaben mit differenzierten Anforderungen, die diese Voraussetzungen berücksichtigen und die Schüler zur zielgerichteten Auswahl und zum aktiven Handeln ermutigen. Differenzierende Aufgaben kann jeder Schüler auf seinem individuellen Niveau bearbeiten. Sie können nach folgenden Prinzipien entwickelt werden:

Prinzipien zur Konstruktion differenzierender Aufgaben

- gestuftes Anforderungsniveau (von leicht bis schwer),
- Vielfalt paralleler Aufgaben (von einfach bis komplex),
- aufbauende Hilfen und Unterstützung (von gar nicht bis viel),
- methodenvariable Vorgehensweise (von anwenden bis entwickeln),
- selbstdifferenzierende Aufgaben (von exemplarisch bis abstrahierend).

Achtung!
Nicht die Menge der Aufgaben führt zur differenzierten Vorgehensweise, sondern der Aufbau und die systematische Stufung innerhalb der Aufgaben.

Gleich mal ausprobieren
Konstruieren Sie zunächst eine Aufgabe oder wählen Sie eine aus dem Schulbuch aus. Verändern Sie die Aufgabe dann nach einem der oben benannten Prinzipien. Beantworten Sie daraufhin folgende Fragen:
- Welche Lernvoraussetzungen bringen Ihre Schüler in den Unterricht mit?

- Sind alle Schüler Ihrer Lerngruppe in der Lage, die vorliegenden Aufgaben auf einer der angebotenen Niveaustufen erfolgreich zu bearbeiten?
- Bauen die Aufgaben systematisch aufeinander auf?

Ein Beispiel finden Sie in Tipp 38.

❯ Tipp 38

AUTHENTISCHE AUFGABEN

33

Nicht nur die alltagsrelevanten Probleme der Schüler bilden bei authentischen Aufgaben die Grundlage für Erkenntnisse, sondern insbesondere auch innerfachliche Strukturen. Authentische Aufgaben aktivieren die Schüler zum Fragenstellen, Vermuten, Informieren, Interpretieren, Präzisieren, Modellieren, Strukturieren, Systematisieren, Problemlösen, Handeln – und damit zur Kompetenzentwicklung (Tipp 1). Aufbauend auf dem Vorwissen entwickeln sich die Kompetenzen dabei in der Beschäftigung mit den fachlichen Inhalten stufenweise – wie beim Spiralcurriculum. Jede Stufe baut auf der vorherigen auf und man gelangt durch neue Erkenntnisse auf die darauffolgende. Aufgaben sind dann authentisch, wenn sie zum fachlichen Handeln ermutigen und Spezifika des entsprechenden Fachbereiches enthalten. So sollten die Aufgaben und Problemstellungen

Kompetenzentwicklung

❯ Tipp 1

- inner- und außerfachliche Relevanz haben,
- aktiv-entdeckendes Lernen ermöglichen,
- kein Abspulen trainierter Verfahren herausfordern,
- individuellen Bezug herstellen,
- Fehler und Irrwege als Chancen nutzen,
- zu fachspezifischen Tätigkeiten anregen und
- den Schülern Anlass für kritische Diskussionen und Reflexionen bieten.

Merkmale authentischer Aufgaben

Gleich mal ausprobieren

Klären Sie, um den Schülern authentische Aufgaben zu bieten, bei der Auswahl bzw. Konstruktion von Aufgaben folgende Fragen:

- Wie baut was aufeinander auf?
- Welche Beispiele lassen sich benennen?
- Welche fachlichen Aspekte berücksichtigen gerade diese zu bearbeitenden Aufgaben?
- Was habe ich für den Unterricht wie auf- und vorbereitet?
- Wie kann ich den Schülern fachliche Probleme sprachlich angemessen darstellen?
- Wie und an welcher Stelle können Schüler bei der Unterrichtsvorbereitung eingebunden werden?

PARALLELE AUFGABEN

34

Aufgabenpool zur Auswahl

Bei der Arbeit mit parallelen Aufgaben wählen sich die Schüler je nach individuellem Interesse aus einem Pool diejenigen aus, die sie bearbeiten möchten. Die Aufgaben können sich hinsichtlich der zur Bearbeitung vorgesehenen Zeit oder im Schwierigkeitsgrad unterscheiden bzw. einem Wahl- und Pflichtbereich zugeordnet sein.

> Tipp 61

Ein einfaches und ökonomisches Vorgehen bei der Zusammenstellung von parallelen Aufgaben ist die Arbeit mit dem Schulbuch (Tipp 61). So sind z. B. in fast allen gesellschaftswissenschaftlichen Büchern zu jedem Kapitel eine Reihe von Aufgaben vorgegeben, die den Schülern in Form eines solchen Aufgabenpools angeboten werden können.

Gleich mal ausprobieren

So oder ähnlich können Sie im Unterricht beispielsweise die Arbeit mit parallelen Aufgaben anregen:
„Wähle einen Schwerpunkt oder ein Kapitel zu unserem Unterrichtsthema aus. Lies dir den zughörigen Text durch und unterstreiche die wichtigen Aspekte. Sieh dir die bildlichen Darstellungen und Grafiken an und notiere ihre Besonderheiten und Aussagen. Wähle mindestens zwei aus den sieben Aufgaben am Ende des Kapitels aus und bearbeite sie. Präsentiere deine Ergebnisse in einer dem Thema angemessenen Form."

Diese Vorgehensweise ist in allen Unterrichtsfächern möglich und nutzt die vorliegenden Materialien und Medien. Selbstredend kann jeder solche parallelen Aufgaben auch selbst oder gemeinsam mit Kollegen in Form einer Aufgabensammlung entwickeln, die dann systematisch aufgebaut und immer wieder ergänzt wird. Als vorteilhaft erweist sich hier die digitale Verwaltung der Aufgaben, damit jeder Kollege jederzeit darauf zugreifen und sie für seinen Unterricht nutzen kann.

Systematischer Aufbau einer Aufgabensammlung im Kollegium

Achtung!
Schülern, die große Schwierigkeiten haben, ihre Zeit einzuteilen und sich selbst zu motivieren, die unstrukturiert vorgehen usw., müssen durch konkrete Hinweise für die Bearbeitung und Auswahl der parallelen Aufgaben Hilfestellungen gegeben werden (z. B.: „Die erste Aufgabe ist schriftlich zu beantworten und eher leicht, die dritte Aufgabe erfordert ein hohes Maß an Interpretationsvermögen"). Auf diese Weise werden Grundlagen geschaffen, die die Entwicklung von eigenständigem und eigenverantwortlichem Lernen ermöglichen.

LERNSPEZIFISCHE AUFGABEN

35

Lerntheke

Wie Untersuchungen über den Grundschulunterricht gezeigt haben, schneiden die deutschen Schüler dort deutlich besser ab als im Sekundarbereich I. Warum also nicht die Arbeitsformen der Grundschule übernehmen und für die höheren Klassen weiterentwickeln? Als Beispiel für eine solche Arbeitsform sei hier die Lernthekenarbeit genannt: Die vorbereiteten Aufgaben, Arbeitsblätter und Materialien werden der Klasse präsentiert, sodass jeder Schüler sich einen oder mehrere Themenschwerpunkte auswählen kann, die dann bearbeitet, dokumentiert und unter Einbeziehung von Fotos präsentiert werden.

Gleich mal ausprobieren

Als Beispiel sei hier eine Lerntheke zum Thema „Steine" für die Klassenstufe 5/6 vorgestellt:

> Tipp 62

- Die Schüler wählen aus Sachbüchern (Tipp 62) über Steine einen Text aus, der ihnen besonders gut gefällt und den sie vorstellen (vorlesen, vorspielen, szenisch interpretieren).
- Die Schüler schreiben eine Geschichte über einen „fiktiven Stein" – einige schöne Steine und ein bunter Karton stehen als Material bereit.
- Von Schülern verfasste Beispielgedichte zum Thema und buntes Papier laden dazu ein, eigene Gedichte zu kreieren.
- In Form und Größe verschiedene Steine, Farben und Pinsel ermöglichen die fantasievolle Bemalung der Steine.
- Ein Informationsblatt, das Hinweise und Erläuterungen zur Gesteinsbestimmung enthält, dient den Schülern als Grundlage zur Zuordnung der vorhandenen Steine.
- Das Volumen einzelner Steine kann mithilfe von verdrängten Flüssigkeiten (Messbecher) bestimmt werden.
- Verschiedenene Steine werden unter einem Mikroskop beobachtet und dann gezeichnet.
- Mithilfe von besonderen Klebstoffen können Figuren oder künstlerische Gebilde aus Steinen gebaut werden.

Lernspezifische Differenzierung

Durch die individuellen Vorlieben und Abneigungen der Schüler findet hier eine lernspezifische Differenzierung nach Interessen statt. Die Vorbereitung der Angebote ist zwar aufwändig, im Unterricht hat die Lehrkraft dann aber die notwendige Zeit, um sich Einzelnen besonders zu widmen und sie individuell zu fördern und fordern.

Die Anzahl der Aufgaben bzw. der Angebote kann dabei sehr variieren und auch die Schwerpunktsetzung kann verschiedene Fachbereiche integrieren.

Aufgaben zum selbstständigen Lernen

36

Zusammenfassend lässt sich unter Berücksichtigung der in Tipp 31 bis 35 vorgestellten Aufgabentypen sagen: Aufgaben, mit denen Schüler selbstständig lernen können, die Anreize zum Handeln bieten sowie motivierend sind – und damit differenzierten Unterricht ermöglichen – sollten folgenden Kriterien genügen:

› Tipp 31 bis 35

- Sie bauen auf den Erfahrungen und Lernvoraussetzungen der Schüler auf.
- Sie sind leicht verständlich und müssen nicht vom Schüler mühsam interpretiert werden.
- Sie sind problemorientiert und haben einen hohen Aufforderungscharakter.
- Sie initiieren nicht einen, sondern ermöglichen unterschiedliche Lösungswege.
- Sie sind nicht produktorientiert, sondern stehen unter dem Motto „der Weg ist das Ziel".
- Sie ermöglichen den Schülern variable methodische Vorgehensweisen.
- Sie ermutigen die Schüler, ihre Vorgehensweisen zu beschreiben.
- Sie sind authentisch, d. h., sie sind typisch für den entsprechenden Fachbereich oder für einzelne fachliche Aspekte.
- Sie erweitern gezielt die Kompetenzen der Schüler – fachspezifisch und anwendungsbezogen.
- Es muss den Schülern Spaß machen, die Aufgaben zu bearbeiten.

Um die Ecke gedacht

Sicher ist es nicht erforderlich und zeitlich auch nicht umzusetzen, dass jede der den Schülern gegebenen Aufgabe all den genannten Kriterien genügt. Einzelne Aufgaben können auch einzelne Aspekte abdecken. Die Gesamtzahl der Aufgaben sollte aber möglichst viele bzw. alle Kriterien berücksichtigen.

Gleich mal ausprobieren

Entwickeln Sie zu einem Thema Ihrer Wahl eine Problemstellung oder Aufgabe, indem Sie nacheinander die oben genannten Kriterien durchgehen und möglichst viele davon berücksichtigen.

KOMPLEXE AUFGABEN

37

> Tipp 31

Vernetzung von neuem Lernstoff mit vorhandenem Wissen

> Tipp 66

Aufgaben in Schulbüchern beziehen sich im Regelfall auf das jeweils neu zu erarbeitende Teilgebiet und weisen nicht explizit aus, welche Verbindungen zu den schon behandelten Themen bestehen. Für die Schüler ist es so kaum möglich, Vernetzungen zwischen bereits erworbenem Wissen und dem neuen Lernstoff herzustellen. Solche Strukturen entstehen erst durch die Öffnung der Aufgaben (Tipp 31) und durch deren höhere Komplexität. Komplexe Aufgaben vernetzen den neu zu erlernenden Stoff mit altem Wissen und ermöglichen es den Schülern dadurch, im Gehirn Verknüpfungen herzustellen und im Langzeitgedächtnis Anker zu setzen.

Komplexe Aufgaben sollten Folgendes gewährleisten:
- Zusammenhänge müssen für die Schüler deutlich erkennbar sein.
- Querverbindungen zu anderen Bereichen müssen aufgezeigt und benannt werden.
- Zeitleisten erleichtern die Einordnung der Problemstellung (Tipp 66).
- Meilensteine und Zwischenergebnisse geben den Schülern Zutrauen und Mut, weiterzuarbeiten.
- Schüler müssen aufgefordert werden, sich das Problem und das Wissen selbstständig zu erschließen.
- Geeignete Materialien und Medien stehen für die Schüler zum Selbstlernen bereit.
- Kenntnisse müssen abgerufen werden.
- Die Schüler müssen Lernstrategien entwickeln und festschreiben können.

Das Ziel der komplexen Aufgaben ist die Stärkung der Selbstkompetenz der Schüler (Tipp 1) und damit der Eigenverantwortlichkeit – denn nicht nur Lehrer sind für das Wiederholen und Üben verantwortlich, sondern auch die Schüler.

› Tipp 1

Achtung!
Selbstkontrollbögen erleichtern dem Lehrer die Arbeit sehr – auch für Zwischenergebnisse oder Meilensteine.

Gleich mal ausprobieren
Teilen Sie an die Schüler beim nächsten Einsatz von komplexen Wiederholungsaufgaben einen Selbsteinschätzungsbogen zum Lernverhalten aus, den diese selbstständig ausfüllen sollen. Suchen Sie mit den Schülern anschließend auch das Gespräch über ihre Lernstrategien. Ein solcher Austausch kann sich als sehr fruchtbar erweisen und liefert Ihnen wichtige Informationen für das weitere differenzierte Arbeiten im Unterricht.

EIGENVERANTWORTLICH LERNEN

38

Vor allem in den höheren Jahrgangsstufen können Schüler dazu angehalten werden, sich ein Unterrichtsthema selbstständig und eigenverantwortlich zu erarbeiten. Sie wählen sich dazu aus einer vorgegebenen Auswahl individuell einen Aufgabentyp und damit eine bestimmte Vorgehensweise aus und entwickeln selbst präzise Aufgabenstellungen zu den einzelnen Varianten. Der Lehrer kann Einzelnen gezielte Hilfestellungen geben.

Schüler entwickeln selbst Aufgabenstellungen

Achtung!
Es ist wichtig, dass die Schüler mit dieser differenzierten Form des Arbeitens vertraut sind.

SCHÜLER LÖSEN SELBSTSTÄNDIG PROBLEME

Ein Beispiel aus dem Mathematikunterricht zum Thema „Kugel":

1. Die Hohlkugel
Praktische Herleitung des Kugelvolumens (verschieden große Hohlkugeln, Messbecher, Trichter, Wasser, Vogelsand, Kieselsteine usw.)
2. Die Gläser
Trinkgläser mit denselben Randdurchmessern und derselben Höhe (Zylinder, Halbkugel, Kegel): Volumenvergleiche
3. Das Atomium
Das Wahrzeichen der Weltausstellung 1958 in Brüssel – das Atomium als Bild und als Modell: Berechnung des Gesamtvolumens aller neun Kugeln
4. Die Größte
Welche Kugel ist die größte und welche ist die schwerste? Volumen- und Gewichtsvergleiche (Kugeln aus verschiedenen Materialien und in unterschiedlichen Größen)
5. Der Wetterballon
Veränderungen des Volumens eines Wetterballons mit einer Latexhülle beim Aufstieg in die Atmosphäre
6. Die Diskokugel
Herleitung einer Formel zur Berechnung des Oberflächeninhalts einer Kugel mithilfe der „Spiegelkacheln"
7. Die Himmelskörper
Volumen- und Oberflächenvergleiche verschiedener Himmelskörper – Erkundungsgang über den Planetenlehrpfad
8. Die Einbeschriebenen
Würfel und Quader in oder um Kugeln (Modelle): Vergleiche der Radien, Kantenlängen, Volumen und Oberflächen, Entwicklung eigener Beispiele und „Vermutungen" (Prismen, Pyramiden, Kegel in oder um Kugeln)

FEHLER ZULASSEN UND ANALYSIEREN

39

Eine der Aufgaben jeden Lehrers ist die Beurteilung und Bewertung der Leistungen seiner Schüler. Der Schüler weiß also genau, dass jede seiner Äußerungen, jede Frage, jede Bemerkung zum Nebenmann (bei Partner- oder Gruppenarbeit), jeder Fehler in der Hausaufgabe oder der Übung während des Unterrichts vom Lehrer genauestens registriert und zur Leistungsbewertung herangezogen wird. Dies verleitet die Schüler zu folgenden Verhaltensweisen:

- Fehler werden möglichst vertuscht;
- es wird nicht nachgefragt, um das Auffallen durch Nichtverstehen zu vermeiden;
- neue Lernwege werden umgangen, weil sie im Gegensatz zum Hauptweg nicht mit Sicherheit zum Ziel führen, usw.

Um die Ecke gedacht
Der Schüler verhält sich auch hinsichtlich seiner Körpersprache (Mimik und Gestik) so, wie es das alltagsdiagnostische Ritual des Lehrers erfordert (z. B. kluges Gesicht machen, sich hinter dem Vordermann verstecken usw.). Schüler entwickeln im Laufe ihrer Schulzeit ausgefeilte Techniken, nicht zu erkennen zu geben, dass sie dem Unterrichtsgeschehen nicht folgen können.

Achtung!
Jeder Lerntheoretiker kann bestätigen, dass effektives Lernen mit Unterstützung (des Lehrers) nur dann stattfinden kann, wenn der Schüler Fehler machen darf, ohne dass dies zu negativen Sanktionen führt!

In der Lernphase muss sich jeder Schüler sicher sein, dass er Fehler machen kann, darf und soll, ohne dass dies Konsequenzen für die Noten hat. Nur dann hat er die Chance, sich den Lernstoff dauerhaft anzueignen. Wenn die Lern-

Fehleranalyse als Mittel zur individuellen Förderung

phase abgeschlossen ist, teilt der Lehrer dies offiziell mit. In Schüler-Schüler- oder Lehrer-Schüler-Gesprächen können aus Fehlern schließlich auch konkrete Hinweise zu individuellen Lernstrategien und beim einzelnen Schüler vorhandenen Kenntnisständen gewonnen werden.

Gespräche vorbereiten

› Tipp 41

Die „Kunst des Fragens" beherrschen

Im differenzierten Unterricht sollten die Schüler immer wieder die Gelegenheit bekommen, Gespräche zu führen und auch selbst zu moderieren (Tipp 41). So entstehen offene Lernsituationen, in denen jeder Einzelne neue Kompetenzen erwerben kann und in denen darüber hinaus das individuell erworbene Wissen eingebracht werden kann. Dazu brauchen die Schüler jedoch Anleitung und müssen einige grundlegende Techniken vermittelt bekommen. Eine der wichtigsten Voraussetzungen für das Moderieren ist es, die „Kunst des Fragens" zu beherrschen. Mit gezielten und geschickten Fragen kann man es schaffen, alle Zuhörer einzubeziehen, das Wissen der Zuhörer offenzulegen, einen Grundkonsens bzw. eine klare inhaltliche Konfrontationslinie zu schaffen und nicht zuletzt das weitere Vorgehen – im Sinne der Gesprächsteilnehmer – zu planen. Darüber hinaus geben die Antworten des Gegenübers auch über Stimmungen, emotionale Befindlichkeiten usw. Auskunft, welche wiederum einen erheblichen Einfluss auf den weiteren Gesprächsverlauf haben können.

> **Um die Ecke gedacht**
>
> Der Inhalt dessen, was man fragt, hängt natürlich immer vom Thema, den Zuhörern und den eigenen Absichten ab. Fragen haben aber auch eine formale Seite, die man eindeutig bestimmen kann. Wer ein Gespräch optimal vorbereiten will, muss sich im Klaren darüber sein, mit welcher Frageform er was erreichen kann.

Folgende Frageformen können in Gesprächen eingesetzt werden:

Unterschiedliche Frageformen

Vorfragen
Mit dieser Frageform will man klären, ob alle Sachverhalte oder Argumente wirklich verstanden worden sind, z. B.:
Welche Begriffe, Fremdwörter ... habt ihr nicht verstanden?
Welche Sachaussagen oder Argumente müssen noch einmal wiederholt werden?
Welche sachlichen Widersprüche/Gegenpositionen gibt es?

Offene Fragen
Bei dieser Frageform werden keine möglichen Antworten vorgegeben, die Zuhörer können völlig frei antworten, z. B.:
Was meint ihr dazu?
Wer möchte sich zu einem Aspekt des Themas äußern?

Geschlossene Fragen
Diese Frageform lässt nur wenige Alternativen (häufig nur zwei) zu und ist nicht besonders gut geeignet zur Einbeziehung aller oder zur Entfaltung komplexer Aspekte, aber sinnvoll zur Strukturierung oder auch zur Planung des weiteren Vorgehens, z. B.:
Welche meiner Argumente findet ihr aus welchen Gründen (nicht) überzeugend?
Welche Aspekte des Themas findet ihr aus welchen Gründen (nicht) akzeptabel?
Welche der vorgestellten Alternativen haltet ihr aus welchen Gründen für die beste?
Wie würdet ihr euch entscheiden, wenn ...?

Entscheidungsfragen
Diese Frageform fordert eine klare Entscheidung zwischen zwei Alternativen. Sie ist insbesondere dann sinnvoll, wenn es darauf ankommt, ein Streitgespräch zwischen zwei Gruppen zu inszenieren, z. B.:
Wer ist für Alternative A, wer für B?
Bist du/seid ihr für ...?

Rhetorische Fragen

Dies sind Scheinfragen, die eigentlich keine Antwort erwarten, sondern diese implizit schon mitliefern, z. B.:
Muss man nicht sagen, dass … ?
Du bist/ihr seid doch auch der Meinung, dass …?
Kann man wirklich ernsthaft bestreiten, dass …?

Gleich mal ausprobieren

Erarbeiten Sie mit Ihren Schülern die oben genannten Frageformen anhand von konkreten Beispielen, sodass sie in der Lage sind, diese in Gesprächen gezielt einzusetzen.

41 GESPRÄCHE LEITEN

Ein Gespräch, eine Diskussion, eine Debatte oder sonst eine Form der mündlich-argumentativen Auseinandersetzung zu leiten, ist eine anspruchsvolle Aufgabe, mit der Schüler im Sinne des individuellen Kompetenzerwerbs im Unterricht jedoch durchaus beauftragt werden können und sollten. Allerdings müssen sie darauf vorbereitet werden und sich ihrer damit verbundenen Pflichten bewusst sein.

Um die Ecke gedacht

Der Gesprächsleiter ist kein „normaler" Diskussionsteilnehmer, im Gegenteil, seine Funktion hebt ihn deutlich heraus – darüber müssen sich alle Schüler, sowohl derjenige, der die Rolle übernimmt, als auch die übrigen Gesprächsteilnehmer im Klaren sein.

Gleich mal ausprobieren

Erarbeiten Sie mit Ihren Schülern die folgenden Aufgaben des Diskussionsleiters, die drei Bereiche abdecken:
- **Formal:** Der Diskussionsleiter ist (im Rahmen des vom Lehrer üblicherweise Vorgegebenen) „Zeitwächter", d. h., er bestimmt und regelt die verschiedenen Diskussionsphasen.

- **Inhaltlich:** Der Diskussionsleiter hat die Aufgabe, Missverständnisse zu klären und Fehldeutungen zu beseitigen, Sachverhalte zusammenzufassen und das Ziel der Diskussion vorzustrukturieren. Hierfür sollte er u. a. die Kunst beherrschen, richtig zu fragen (Tipp 40). ❯ Tipp 40
- **Sozial:** Der Diskussionsleiter koordiniert die Wortmeldungen und achtet darauf, dass auch zurückhaltende Schüler zu Wort kommen (Tipp 47). Außerdem bemüht er sich gegebenenfalls um eine Versachlichung des Gesprächs. ❯ Tipp 47

42 Mit Gesprächsstörungen umgehen

Übernehmen Schüler im Unterricht die Rolle des Gesprächsleiters (Tipp 41) oder Referenten (Tipp 45), so müssen sie vorab mit Strategien vertraut gemacht werden, wie sie auf Gesprächsstörungen reagieren können. ❯ Tipp 41, 45

SOS-Tipp

Die oberste Regel bei Gesprächsstörungen lautet: Immer sachlich bleiben, niemals persönlich oder gar ausfallend werden! Nur derjenige, der unfairen Gegenrednern oder Störern gegenüber ruhig auf den sachlichen Aspekten des Themas beharrt, hat eine reelle Chance, die Diskussion zu retten und auf die sachangemessene Ebene zurückzuführen. Wer dagegen selbst emotional und unsachlich reagiert, dem wird es kaum gelingen, zur inhaltlichen Auseinandersetzung zurückzukehren.

Gleich mal ausprobieren

Die folgende Übersicht kann als Grundlage für ein Trainingsprogramm mit den Schülern dienen, in dem sie lernen, als Referent mit Gesprächsstörungen umzugehen. Üben Sie die angestrebten Verhaltensweisen mit den Schülern an konkreten Fällen, z. B. in Rollenspielen (Tipp 98), sodass sie ihnen sehr bewusst werden. ❯ Tipp 98

Umgang mit Gesprächsstörungen

Gesprächsstörungen	Förderndes Verhalten
Die Diskussion wird durch Vielreden monopolisiert, d. h., jemand zieht sie an sich und gibt niemandem sonst die Möglichkeit zur Stellungnahme.	Thema, Ziele, Probleme formulieren und an das Publikum zurückgeben.
Es wird auf Bekanntem und (scheinbar) Abgesichertem beharrt.	Neue und originelle Ideen nennen, neue Wege skizzieren, an die Kreativität appellieren.
Persönliche (beleidigende) Fragen werden gestellt.	Sachliche Rückfragen stellen, Gemeinsamkeiten von Standpunkten herausstellen.
Der Referent wird besserwisserisch belehrt.	Fachkenntnisse sachlich einbringen, argumentieren.
Vorschläge werden entwertet oder es wird zum Boykott aufgerufen.	Die Gruppe ermutigen, sich „ein Stück weit" auf das vorgeschlagene Thema oder die Methode einzulassen.
Andere Zuhörer oder der Referent werden diffamiert bzw. beleidigt.	Ein Feedback von der Gruppe einfordern.
Auf einmal gefassten Meinungen wird beharrt.	Die Weiterentwicklung des Diskussionsprozesses fördern und fordern.
Sprüche werden geklopft.	Humor, Witz einbringen.
Es wird polarisiert.	Vermitteln.

Gesprächsergebnisse festhalten

> Tipp 40, 41, 42

43

Neben dem richtigen Agieren im Gespräch (Tipp 40, 42) und dem Ausfüllen der Gesprächsleiterrolle (Tipp 41) müssen Schüler auch lernen, die Ergebnisse dieser Unterrichtsphasen festzuhalten. Für viele (im Übrigen auch für Lehrer) ist es die Quadratur des Kreises: Eine lebhafte Diskussion leiten und gleichzeitig Ergebnisse festhalten! Mithilfe einiger einfacher Methoden kann dies aber durchaus bewältigt werden.

Gleich mal ausprobieren

Probieren Sie mit Ihren Schülern die folgenden Methoden zur Sicherung von Gesprächsergebnissen aus und diskutieren Sie anschließend darüber.

Analyse-Schema

Zu Hause als Plakat oder OHP-Folie vorbereitet, erleichtert das Analyse-Schema die intensive Nacharbeitung eines Gesprächsthemas. Das Schema besteht im Regelfall aus einer Tabelle, deren Überschriften ganz oder teilweise in Form von Diskussionspunkten vorgegeben sind. Das Publikum diskutiert mögliche „Antworten" für die einzelnen Spalten der Tabelle, der Moderator überträgt die ausdiskutierten Lösungen auf die Folie (das Plakat, die Tafel).

Gruppenkreuz

Die Tafel (die Folie, die Wandzeitung ...) wird in so viele Felder unterteilt, wie Arbeitsgruppen gebildet werden sollen. Stichworte für die einzelnen Themen werden im Verlauf des Gesprächs gesammelt und in die Felder geschrieben. Anschließend werden Kleingruppen gebildet und der Gesprächsleiter gibt Überschriften für die einzelnen AG-Themen vor.

Mindmaps

Auch während der Diskussion entstehende oder teilweise bzw. ganz vorgegebene Mindmaps (Tipp 92) können die Moderation unterstützen. Sie bieten rückblickend eine gute Übersicht über die Ergebnisse des Gesprächs.

> Tipp 92

44 Ein Referat vorbereiten

Selbstständig Erarbeitetes präsentieren

Da offene, handlungsorientierte Unterrichtssituationen verstärkt den pädagogischen Alltag prägen, weicht der frontale Belehrungsunterricht mehr und mehr einer selbstgestalteten und selbstverantworteten Lernsituation. Dies führt zu einer immer bedeutenderen Rolle des Schülerreferats, denn wenn selbstständig und parallel zueinander gelernt wird, muss das Erarbeitete auch präsentiert werden – und das Referat bzw. der Vortrag ist nach wie vor die häufigste Form einer solchen Präsentation. Die Schüler müssen also schrittweise Kompetenzen für das Vorbereiten und letztlich das Halten von Referaten erwerben.

Gleich mal ausprobieren

Erarbeiten Sie mit Ihren Schülern die folgenden zehn Tipps zur Vorbereitung eines Referats und lassen Sie sie anhand verschiedener Themen realisieren:

1. Rechtzeitig einen Zeitplan aufstellen.
2. Zwischenziele formulieren.
3. Regelmäßig kontrollieren, ob Zeitplan und Zwischenziele eingehalten werden.
4. Sorgfältig die Recherchequellen auswählen (Tipp 64). ▸Tipp 64
5. Regelmäßig überprüfen, ob die gewählten Quellen die richtigen sind und genügend „hergeben".
6. Das gefundene Material ordnen, sortieren und gut strukturieren.
7. Das strukturierte Material gezielt und methodisch kontrolliert auswerten.
8. Den eigenen „Schreibtypus" bestimmen und das Referat aufschreiben.
9. Zitierregeln anwenden, Quellen kenntlich machen und ein Literaturverzeichnis anlegen.
10. Die abschließenden Feinarbeiten in Bezug auf Rechtschreibung, Grammatik, Wortwahl und Stil vornehmen.

Ein Referat halten

45

Die in Tipp 44 skizzierten Vorbereitungsaufgaben auf das Referat sind erledigt, jetzt geht es an die tatsächliche Präsentation. Was kann ein Schüler tun, um sie möglichst gelungen über die Bühne zu bringen?

> Tipp 44

Um die Ecke gedacht

Sind die aufwändigen Vorarbeiten einmal geschafft, mag die Devise vieler Schüler beim Halten eines Referates nur noch „Augen zu und durch" heißen – und die Ergebnisse sind oft entsprechend! Sie sollten Ihren Schülern daher klarmachen, dass es sich lohnt, nicht nur in die Vorarbeit zu investieren, sondern auch in die konkrete Darstellung. Denn der Erfolg des Referats hängt im Wesentlichen davon ab, wie gut es gelingt, den Zuhörern die Inhalte zu vermitteln.

Gleich mal ausprobieren

Erarbeiten Sie mit Ihren Schülern die folgenden Aspekte für das Halten eines gelungenen Referats:

Sich über den grundlegenden Unterschied von Vortrag und Text klar werden.
- Eine fesselnde Einleitung finden und ausgestalten.
- Klare Argumentationsmuster verwenden.
- Einen abrundenden Schlussteil gestalten.
- Ein Stichwortkonzept und/oder einen Merkzettel (Tipp 76) für den freien Vortrag herstellen.

> Tipp 76

- Den Vortrag mithilfe dieses Konzeptzettels üben. Dabei auf die Körperhaltung, Mimik und Gestik achten (der Spiegel dient als Hilfsmittel).

Visualisierungen und andere Hilfen einplanen und entsprechend vorbereiten.
- Vor Vortragsbeginn überprüfen, ob die benötigten (technischen) Hilfsmittel vorhanden sind und funktionieren, ob die Sitzordnung passend ist und ob man sich als Redner angemessen bewegen kann.

- Sich unmittelbar vor dem Referat lockern und konzentrieren und nicht an unangenehme Dinge denken, die vielleicht am nächsten Tag zu erledigen sind.
- Während des Vortrages auf die eigene Körpersprache (Haltung, Mimik, Gestik) achten.

RHETORIK EINSETZEN

› Tipp 45, 40, 41

Neben der rein sachlichen Ebene des Argumentationsaufbaus gilt es für jeden, der in einer Vortragssituation (Tipp 45) oder Diskussion (Tipp 40, 41) erfolgreich seinen Standpunkt vertreten will, auch die rhetorische Seite zu beachten. Gerade älteren Schülern sollten diesbezüglich Kompetenzen vermittelt werden. Machen Sie sie mit einigen ausgewählten Techniken, Methoden, Kunstgriffen und Tricks aus der jahrtausende alten Kunst des Redens und Überzeugens vertraut.

Gleich mal ausprobieren

Folgende rhetorische Mittel sind für Schüler der Sekundarstufe beispielsweise gut nachvollziehbar und können von ihnen erlernt und angewendet werden:

Die Berufung auf Autoritäten

Dies ist die beliebteste rhetorische Technik, ohne die kaum ein Redner auskommt. Es wird wörtlich oder sinngemäß eine Autorität zitiert, hinter der man „in Deckung" gehen kann. Häufig benutzte Formulierungen sind:

„Schon der berühmte ... hat gesagt: ..."
„Um es mit den Worten von ... zu formulieren ..."
„Wer kennt nicht den bekannten Ausspruch von ..."

Der Appell an das Gefühl

Sachliche Aussagen werden auf die Ebene der Emotionen, Gefühle und (Vor-)urteile gehoben. Auf diese Weise kann man an Wertvorstellungen, die bei den Zuhörern existieren, anknüpfen und sich mit ihnen solidarisch erklären. Typische Formulierungen sind:

„Ist es nicht ein Skandal, dass ..."
„Müsste man nicht etwas gegen ... unternehmen?"
„Seid ihr nicht auch der Meinung ...?"

Der Appell an den gesunden Menschenverstand
Diese Technik reklamiert für die eigene Position die Meinung einer großen Mehrheit und macht damit diejenigen Diskussionsteilnehmer, die sich der Meinung des Redners nicht anschließen, zu einer Minderheit. Sie werden in gewisser Weise „in die Ecke gestellt". Beispielformulierungen sind:
„Kein vernünftiger Mensch kann bezweifeln ..."
„Jeder, der etwas von dieser Sache versteht, weiß ..."
„Nur wenige Besserwisser glauben noch immer ..."

GESPRÄCHE STRUKTURIEREN

47

> Tipp 41

Gespräche sind zwar grundsätzlich etwas Spontanes, aber dennoch lassen sich gezielt Vorbereitungen treffen, um ihnen eine Struktur zu geben. Im Wesentlichen gelten die hier gegebenen Tipps dem Gesprächsleiter (Tipp 41), letztlich sind jedoch alle Teilnehmer in der Verantwortung, für einen strukturierten Verlauf des Gesprächs zu sorgen. Machen Sie dies den Schülern bewusst.

Achtung!
Der Einstieg in das Gespräch ist oft bedeutend für dessen weiteren Verlauf! Wird zu Beginn bloß das Thema des Gesprächs genannt, ist das meist wenig motivierend. Besser ist es dagegen, auch den Anlass für das Gespräch anzugeben sowie bereits eine Orientierung über die Struktur des Gesprächsthemas zu vermitteln. Interesse kann auch dadurch aufkommen, dass die praktische oder persönliche Bedeutung des Themas aufgezeigt wird. Durch eine provokative These, einen Widerspruch oder die Schilderung bzw. Demonstration eines verblüffenden Ereignisses kann zudem Neugier geweckt werden.

Gleich mal ausprobieren

Gesprächsregeln vereinbaren

Es empfiehlt sich, Gesprächsregeln zu vereinbaren (z. B. sich gegenseitig ausreden lassen usw.). Sie haben verbindlichen Charakter und sollten daher im Plenum gemeinsam entwickelt werden, aber auch ein nötiges Maß an Flexibilität enthalten. Vereinbarte Gesprächsregeln haben den Vorzug, dass jeder Teilnehmer sich im Gespräch daran orientieren kann. Dadurch wird der Gesprächsleiter entlastet.

Zur Beteiligung am Gespräch auffordern

Es gibt verschiedene Gründe, warum sich jemand nicht am Gespräch beteiligt, z. B., weil seine Wortmeldung übersehen wurde, weil er Angst vor einer Blamage hat, weil andere dasselbe schneller sagen usw. Der Gesprächsleiter sollte dafür sogen, dass alle Teilnehmer einbezogen sind, muss diesbezüglich aber auch Einfühlungsvermögen aufbringen.

INHALTS- UND BEZIEHUNGSEBENE BEACHTEN

48

Kommunikationsstörungen durch Vertauschen von Inhalts- und Beziehungsebene

In jeder Äußerung, die ich als Sprecher einem Hörer gegenüber tätige, bringe ich neben der inhaltlichen Bedeutung meiner Aussage durch die Wortwahl, Betonung, Lautstärke und Körpersprache auch meine Beziehung zu ihm zum Ausdruck – Schulz von Thun sagt dazu, man gibt einen „Beziehungshinweis". Kommunikationsstörungen und Konflikte entstehen häufig dann, wenn der Hörer diesen Hinweis als unangemessen empfindet bzw. wenn Aussagen, die vom Sprecher auf der Inhaltsebene angesiedelt sind, vom Hörer auf der Beziehungsebene wahrgenommen werden (und umgekehrt), wenn die beiden Kommunikationsebenen also vertauscht werden.

Damit Schüler in Gesprächssituationen erfolgreich kommunizieren können, müssen sie für diese unterschiedlichen Ebenen sensibilisiert werden. Sie müssen sich der möglichen Wirkung ihrer Äußerungen bewusst sein und lernen, diesbezügliche Hinweise ihres Gegenübers einzuordnen.

Achtung!
Wenn ich mich als Hörer abgelehnt oder schlecht behandelt fühle, wird die Kommunikation in der Regel auch dann nicht gelingen können, wenn die Sach- oder Darstellungsebene letztlich völlig unproblematisch ist.

Gleich mal ausprobieren

Verdeutlichen Sie den Schülern die Inhalts- und Beziehungsebene von sprachlichen Äußerungen, indem Sie sie die folgende kleine Szene in unterschiedlichen Varianten (unterschiedliche Wortwahl, Lautstärke, Betonung, Körpersprache) vorspielen lassen (Tipp 98) und diese anschließend gemeinsam deuten:

❯ Tipp 98

Ein Mann im Smoking fragt seine sich im Bad befindende Frau, wann denn das Konzert beginne. Er kann dabei sehr unterschiedliche Absichten haben:
- Er kann eine sachliche Frage stellen, weil er die Anfangszeit tatsächlich nicht weiß (Inhaltsebene);
- er kann aber auch deutlich machen wollen, dass er die ewige Warterei satt hat (Beziehungsebene);
- oder er kann seine Frau indirekt auffordern, sich zu beeilen (Beziehungsebene).

Schief geht die Verständigung dann, wenn z. B. die eigentlich sachlich gemeinte Frage bei der Frau als Ausdruck des Unwillens oder als Appell „ankommt" (oder anders herum)!

BASIS FÜR KOMMUNIKATION SCHAFFEN

49

Kommunikation positiv gestalten

Wer seine Gesprächspartner von etwas überzeugen will, sollte einige Techniken beherrschen, die eine schroffe Ablehnung der jeweils anderen Position durch den „Bau einer goldenen Brücke" in eine gemeinsame Position oder zumindest in eine verständnisvolle, tragfähige Zusammenarbeit verwandeln kann.

Gleich mal ausprobieren

Die folgenden Techniken zur positiven Gestaltung von Kommunikation können Sie mit Ihren Schülern – z.B. in kleinen Rollenspielen – gezielt üben (Tipp 98):

❯ Tipp 98

❯ Tipp 40

- Dem Gesprächspartner durch Verständnisfragen Interesse an seinem Standpunkt signalisieren (Tipp 40).
- Einer anderen Meinung nicht sofort widersprechen, sondern Gemeinsamkeiten und positive Aspekte zu finden versuchen, um zu einem sinnvollen und für beide akzeptablen Kompromiss zu gelangen.
- Klare Ich-Botschaften senden und dem Gesprächspartner auf diese Weise ein eindeutiges „Feedback" geben, d.h. eine Rückmeldung darüber, wie seine Argumente auf einen selbst wirken.
- Möglichst konkret argumentieren und den Überzeugungswert von anschaulichen Beispielen nutzen.
- Haarspaltereien und Streit um Unwesentliches vermeiden, stattdessen die Konzentration auf die wesentlichen Aspekte des Themas lenken.

VORINFORMATION

50

❯ Tipp 51 bis 55

Die folgenden Tipps 51 bis 55 stellen verschiedene Möglichkeiten vor, wie im Unterricht mit literarischen Texten umgegangen werden kann. Die Aufgabentypen bieten Raum zur persönlichen Identifikation mit dem Thema bzw. den Personen des Textes und die Möglichkeit, sich dem Text individuell und kreativ anzunähern. Somit kann sich jeder Schüler seinen Interessen und Neigungen gemäß mit dem Text auseinandersetzen, differenziertes Lernen ist gewährleistet und die Schüler werden zum Lesen und individuellen Erschließen des Textes motiviert.

Um die Tipps anschaulich gestalten zu können, wurde als Beispiel die im Folgenden abgedruckte Kurzgeschichte gewählt. Alle Hinweise sind jedoch problemlos auf andere literarische Texte übertragbar.

Angelika Mechtel
Katrin
Ich habe seine Kinder geboren. Ich habe mich eingeordnet. Ich habe versucht, ihn zu sehen, wie ich sah, dass meine Mutter ihren Mann gesehen hatte. Ich habe gelernt, Windeln zu waschen, Kinder zu trösten und Ordnung zu halten.
Ich habe einmal Mathematik und Latein gelernt, Physik und Französisch. Ich war eine mittelmäßige Schülerin. Ich habe mich streicheln lassen und schlagen. Ich habe zurückgeschlagen; habe gelernt, dass er mir überlegen ist.
Ich habe meinen Leib beobachtet, wie er anschwoll. Ich habe die Geburten überstanden; habe mir gesagt, dafür bist du eine Frau. Ich habe mir zugeredet, ich wollte glücklich sein. Ich habe ihn zur Arbeit geschickt und das Essen gekocht. […]
Ich habe zugelassen, dass er meine Mutter fortschickte, weil sie in der Ein-Zimmer-Wohnung die Windeln am Ofen trocknete und die Milch vors Fenster stellte. Ich habe gelernt, dass er sagen durfte, was er dachte: Was sollen die Leute von uns denken? Ich habe nicht begriffen. Ich habe mich eingelebt.
Ich habe nach seinem Ärger gefragt. Ich habe ihm zugehört; habe seinen Chef begrüßt, Kollegen bewirtet.
Ich habe mich von seiner Mutter belehren lassen. Ich war freundlich zu ihr. Ich habe von ihr gelernt, wie er gewohnt war zu leben und was er am liebsten aß. Ich habe mich darauf eingestellt. Ich habe mir sagen lassen, wie sie ihre Kinder erzogen hat. Ich habe meinen Kindern beigebracht, bitte zu sagen und danke, einen Knicks zu machen oder einen Diener, die schöne Hand zu geben und Weihnachtslieder zu singen. Ich habe ihren Sohn kennengelernt. Ich habe Angst gehabt.
[…] Ich habe ihm gesagt, dass ich ihn liebe. Ich habe Zärtlichkeit gelernt; habe die Kinder in Schutz genommen, wenn er wütend war; habe gelernt, dass er wütend sein durfte. Ich habe es mir erklären können. Ich bin nicht verzweifelt. Ich habe mir gesagt, dass ich glücklich bin.
Ich war glücklich, wenn er mich in seinen Armen begrub,

wenn er freundlich war. Ich habe ihn trösten können, habe ihm Mut zugesprochen. Ich hatte mir einen sanften Mann gewünscht. Ich habe in geschlossenen Räumen geweint. Ich habe gewusst, dass Depressionen krankhaft sind. Ich habe gesehen, wie meine Hände den Händen meiner Mutter ähnlich wurden; habe mir gesagt, dass die täglichen Niederlagen nichts sind gegen meine Zuneigung. Ich habe mich nicht gefragt.
Wir haben die Anfänge überstanden. Ich habe gelernt mit seinen Ängsten zu leben. Ich habe ihn geweckt, wenn er nachts in seinen Träumen schrie, habe ihm gesagt: Ich bin es. Ich habe mir seine Träume erzählen lassen. Ich habe zugehört. Ich habe gelernt, auch seine Schwester zu sein. Ich habe mir sagen lassen, dass ich eine mütterliche Ausstrahlung hätte. Ich habe mir gedacht, du musst warm und weich sein wie ein Muttertier; du musst eine Höhle sein. Ich habe unsere Kinder geliebt.
Zuflucht, habe ich gedacht. Ich habe mich preisgeben wollen, aber ich habe es nicht gekonnt. Ich habe mich schuldig gefühlt.
Ich habe mir vorgestellt, dass es vorübergeht, dass wir älter werden und ruhiger. Ich habe gelernt, dass ich einen Mann nicht mehr ändern kann. Ich habe mich nicht daran gehalten.
Ich habe gelernt, Latein zu vergessen und die höhere Mathematik. [...]
Wir haben ein Haus gebaut; wir haben die Kinder aufs Gymnasium geschickt. Wir sind dem Elternbeirat beigetreten. Wir haben uns engagiert, wo wir selbst betroffen waren. Wir haben es vermieden, Erinnerungen nachzuhängen. Ich habe mich arrangiert; habe gelernt, mit seinem Temperament umzugehen. Ich bin nicht untergegangen. Ich habe wieder Latein und Mathematik gelernt, als meine Kinder es lernten.
Ich habe es nicht aufgegeben, mich von meinem Glück zu überzeugen. Ich bin hartnäckig gewesen. Ich habe es für mich behalten. Unsere Tochter habe ich zum Protest erzogen.

Ich habe gelernt, allein zu sein.
Gestern habe ich meine Tochter in Begleitung eines jungen Mannes gesehen. Ich habe ihm davon erzählt. Ich habe gesagt: Sie ist dir ähnlicher als mir. Ich habe mich gefragt, ob das eine Chance ist.
(Mechtel, Angelika: Katrin. In: Lange, Günther (1978) (Hrsg.): Deutsche Kurzgeschichten 11.–13. Schuljahr II. Reclam: Stuttgart.)

PRODUKTIONSORIENTIERTE AUFGABEN

51 — Individuelle Deutung des Textes

Verständnis literarischer Texte durch Produktion eigener Materialien zu fördern, ist inzwischen ein fester Bestandteil des Deutschunterrichts. Die Schüler erhalten so die Möglichkeit, sich dem Text auf individuelle Weise zu nähern und anhand ihrer „Produkte" ihre ganz persönliche Deutung der Handlung, der Charaktere usw. zum Ausdruck zu bringen. Indem sie die Geschichte nicht einfach textimmanent untersuchen, sondern ein fiktives „Gerüst" um die Handlung spinnen, erhalten sie die Chance, Inhalt und Figuren aus neuen, differenzierten Blickwinkeln zu sehen.

Die kompetenzorientierte Differenzierung ergibt sich aus dem methodischen Zugriff, den der jeweilige Schüler wählt. Die Aufgaben sollten – wie im Folgenden aufgezeigt – zunehmend komplexer und anspruchsvoller werden, sodass jeder Schüler einer Lerngruppe sein eigenes Niveau wählen kann.

Gleich mal ausprobieren

Entwerfen Sie zu literarischen Texten Aufgabenstellungen, die zum handlungs- und produktionsorientierten Umgang damit anregen. Hier einige Ideen:
- Gestaltung eines Plakats zum Text: Außer der Nennung von Titel und Autor enthält das Plakat keine Schrift, sondern spricht nur durch Farben. Personen und Gegenstände sollen allenfalls angedeutet sein.

SCHÜLER ARBEITEN MIT TEXTEN

- Gestaltung eines Hörspiels, das typische Situationen der Hauptfigur(en) aus wechselnden Perspektiven akustisch deutlich macht.
- Gestaltung einer Broschüre zu dem Thema: Das Leben der Figuren in 25 Jahren. Wie sieht ihr Alltag aus, welche Wünsche und Träume, welche Ängste haben sie? Möglich sind z. B. Tagebucheinträge, Lebenslauf, Arbeitgeberzeugnisse, ärztliche und/oder psychiatrische Gutachten, selbst geschriebene Gedichte, Texte usw.

Kommunikative Aufgaben

52

Empathiefähigkeit stärken und differenzieren

> Tipp 51

> Tipp 98

Die Fähigkeit zur Empathie, die ja zentral für jedes Verständnis literarischer Texte ist, wird durch die kommunikative Situation dieser Art von Aufgaben gestärkt und differenziert. Brüche, Nahtstellen, mögliche Handlungsalternativen des Textes werden auf diese Weise für die Schüler unmittelbar erfahrbar.

Wie produktionsorientierte Aufgaben (Tipp 51) sollten auch kommunikative Aufgaben nach Kompetenzen gestuft angeboten werden (siehe Beispiele unten): Während das Entwerfen einer Biografie „nur" Schreibkompetenz voraussetzt, sind die übrigen Aufgaben vielfältiger und beziehen sprachliche, mimische und schauspielerische Fähigkeiten mit ein (Tipp 98).

Gleich mal ausprobieren

> Tipp 50

Entwerfen Sie zu einem literarischen Text kommunikative Aufgaben. Folgende Ideen zum Text „Katrin" (Tipp 50) sind übertragbar und können als Anregung dienen:
- Die Schüler erfinden eine mögliche Biografie von Katrin und stellen sie ihren Mitschülern vor.
- Während die Geschichte von einem Schüler laut vorgelesen wird, spielt ein weiterer Schüler einen Reporter, der das Vorlesen unterbrechen und Katrin befragen kann, die von einer Schülerin gespielt wird.

- „Katrin" sitzt in der Mitte eines Kreises, um sie herum stehen Personen ihres sozialen Umfeldes, auch solche, die im Text nicht auftauchen. „Katrin" hört sich deren Kommentare an und reagiert darauf.
- Katrin geht zu einem Psychiater und vertraut sich ihm an. Die beiden sprechen miteinander.

Darstellerische Aufgaben

53

Das Darstellende Spiel ist ein wichtiges Instrument der inneren Differenzierung (Tipp 6, 98). Fiktive, literarische Texte bieten meist zahlreiche Anknüpfungsmöglichkeiten für darstellerische Aufgaben. Unter dem Gesichtspunkt der inneren Differenzierung ist bei dieser Art von Aufgaben der begleitende Reflexionsprozess zentral – es wird also nicht nur etwas dargestellt, sondern parallel dazu auch auf unterschiedlichen Niveaustufen reflektiert.

› Tipp 6, 98

Um die Ecke gedacht

> Schüler, die sich über das schauspielerische Element den literarischen Figuren nähern, haben die Chance, diese Figuren gleichsam „von innen" zu sehen und zu begreifen.

Gleich mal ausprobieren

Konstruieren Sie anhand der folgenden Anregungen zum Text „Katrin" (Tipp 50) darstellerische Aufgaben zu einem literarischen Text:
- Pantomimische Darstellung der Szene, wie Katrins Mann abends nach Hause kommt.
- Bau eines oder mehrerer Standbilder, die Katrins Situation deutlich machen.
- Gestaltung einer Spielszene, in der Katrin mit ihrer Tochter, z. B. beim Mittagessen, redet.
- Gestaltung einer Spielszene, in der Katrin mit Freunden oder Arbeitskollegen zusammentrifft.

› Tipp 50

Kreative Schreibaufgaben

54

Differenzierungs-
möglichkeiten
in der Art der
Aufgabenstellung

Bei diesem Aufgabentypus gerät der Text selbst in den Fokus der Aufmerksamkeit und wird von innen „aufgebrochen". Auch bei dieser methodischen Art des Umgangs mit literarischen Texten liegen vielfältige Differenzierungsmöglichkeiten in der Art der Aufgabenstellung: Von dem relativ einfach realisierbaren Perspektivenwechsel über die Gestaltung neuer Situationen bis hin zur Kreation von Spielszenen, Briefwechseln, Gerichtsverhandlungen usw. reicht das mögliche Spektrum.

Um die Ecke gedacht

> Die „Leerstellen", die jeder literarische Text hinterlässt, können – z.B. durch Perspektivenwechsel – mit neuen Inhalten gefüllt werden, die aber eben nicht beliebig sind, sondern sich der Textstruktur und -aussage unter- und darin einordnen müssen.

Gleich mal ausprobieren

▶ Tipp 50

Folgende kreative Aufgaben zum Text „Katrin" (Tipp 50) liefern Ideen zur Übertragung auf andere literarische Texte:
- Umgestaltung des Textes, indem zuerst aus der Perspektive des Mannes und dann aus der der Tochter erzählt wird. Anschließend wird die unterschiedliche Wirkung der Erzählperspektiven verglichen.
- Gestaltung einer fiktiven Situation, die dazu geführt haben könnte, dass Katrin sich so willenlos unterordnet.
- Katrins Wunsch bezüglich der Tochter wird Realität: Eine kurze Szene aus dem Leben der Tochter mit ihrem Partner wird gestaltet.
- Verfassen von Briefen, die die Menschen ihres Umfeldes an Katrin schreiben und aus denen ihre jeweilige Sicht auf Katrins Situation und Verhalten deutlich wird.
- Kreation eines neuen Schlusses der Kurzgeschichte – welche Alternativen gibt es, was bedeuten sie für Katrin und ihr Familienleben?

ÜBER DEN TEXT HINAUSGEHEN

Eine weitere Herangehensweise an literarische Texte, die Differenzierungsmöglichkeiten bietet, kann wie folgt aussehen: Der Text wird eingebettet in einen Kontext aus Sozial-, Literatur- und Rezeptionsgeschichte und verknüpft mit biografischen, psychologischen, psychoanalytischen und kulturkritischen Überlegungen. Die Schüler können und sollen selbstständig recherchieren (Tipp 64), und das auf den unterschiedlichsten Niveauebenen: Von relativ einfachen Aufgaben wie der Einbettung des Textes in die Biografie des Autors über literaturgeschichtlich-epochale Fragestellungen bis hin zu anspruchsvollen literatursoziologischen und -psychologischen Aufgaben.

› Tipp 64
Schüler recherchieren selbstständig

Um die Ecke gedacht

> Die Einbettung in einen größeren Kontext bringt neue Aspekte und Differenzierungen zum Vorschein, die neue Dimensionen der literarischen Figuren erschließen.

Gleich mal ausprobieren

Hier einige Beispielaufgaben zum Text „Katrin" (Tipp 50):
- Einbettung der Kurzgeschichte in Mechtels Biografie und ihre sonstigen Werke. Deutung des Inhalts vor dem biografischen Hintergrund.
- Rezeptionsorientiertes Arbeiten: Darstellung der Wirkungsgeschichte des Textes.
- Literaturhistorische Einbettung: Welche literaturgeschichtlichen Vorbilder hat der Text? Welche Veränderungen an diesen Vorbildern nimmt Mechtel weshalb vor?
- Literatursoziologische Einbeziehung der Entstehungszeit der Geschichte – Deutung auf zeitgeschichtlichem Boden.
- Psychologische und psychoanalytische Deutungen (z. B. Wie sind die Charakterzüge von Katrin zu begreifen?).
- Kulturkritische Aufgabenstellungen (z. B. In welchem Verhältnis steht Katrins Situation zu Phänomenen wie der Emanzipation der Frau?).

› Tipp 50

Anforderungsbereich I: Kennen

56

Wiedergabe von Textinhalten

❯ Tipp 44

Aufgaben dieses Anforderungsbereichs zielen ab auf die vielfältig gestaltete Wiedergabe von Sachtexten und literarischen Texten (selbstdifferenzierende Aufgaben). Die Verfügbarkeit der für die Bearbeitung der Aufgabe notwendigen inhaltlichen und methodischen Kenntnisse des Schülers bildet die Grundlage sowohl für das differenzierte Vorgehen als auch für differenzierte Präsentationen (Tipp 44).

Gleich mal ausprobieren

Überprüfen Sie, welche der folgenden Kenntnisse die Schüler Ihrer Lerngruppe mitbringen. Kenntnisse von

❯ Tipp 68

- Darstellungsformen (z. B. Textart, Karte, Bild, Grafik (Tipp 68), Skizze, Statistik, mathematische Formen),
- Arbeitstechniken und methodischen Schritten bei der Bearbeitung von Aufgaben,
- angemessener Fachterminologie,
- der angemessenen Sprachnorm.

Mittels dieser Aufgabentypen können die Schüler auf unterschiedlichem Niveau ihre Textkenntnisse präsentieren:

Wiedergeben von Grundtatsachen, fachwissenschaftlichen Begriffen und Kategorien, Ereignissen und Prozessen, Strukturen und Ordnungen, Normen und Konventionen, Theorien, Klassifikationen, Modellen.

Erkennen des der Aufgabenstellung zugrundeliegenden Themas, des Hauptgedankens, der Problemstellung.

Verbinden der eigenen Kenntnisse und Einstellungen mit dem Thema, dem Hauptgedanken, der Problemstellung.

Achtung!

Ordnen Sie beim ersten Mal die Schwierigkeitsgrade der Aufgaben den Schülern zu (entsprechend ihren Voraussetzungen). Bei den nächsten Malen werden die Schüler mit zunehmendem Maße besser in der Lage sein, ihre Fähigkeiten und ihr Niveau selbst einzuschätzen (Interessen- und Wahldifferenzierung).

ANFORDERUNGSBEREICH II: VERWENDEN

57
Erfassen und Einordnen von Textinhalten

Aufgaben dieses Anforderungsbereichs verlangen das selbstständige Erfassen und Einordnen bekannter Sachverhalte, ihr Strukturieren und gedanklich wie sprachlich angemessenes Be- und Verarbeiten sowie das selbstständige Anwenden und Übertragen des Gelernten auf vergleichbare Sachverhalte. Die folgenden Aufgabenbeispiele enthalten eine stufenförmige Hierarchisierung von eher einfachen zu komplexen Arbeitsaufträgen.

Anwenden sachadäquater (differenzierter) Methoden bei
- der Untersuchung von Sachverhalten (differenziertes Erfassen des Hauptgedankens),
- der Übertragung in andere Darstellungsformen (Erfassen von text- oder aufgabenübergreifenden Bezügen),
- der Erschließung von Arbeitsmaterialien (differenzierte Anwendung fachspezifischer Kenntnisse),
- der selbstständigen Auseinandersetzung mit neuen Fragestellungen. (Übertragen von inhaltlichen und methodischen Kenntnissen auf neue Sachverhalte).

Erklären und Anwenden einfacher und komplexer Sachverhalte (fachspezifische Differenzierung) beim
- Verarbeiten und Ordnen,
- Anwenden des Gelernten und Verstandenen,
- Untersuchen bekannter Sachverhalte mithilfe neuer Fragestellungen,
- Verknüpfen erworbener Kenntnisse und Einsichten mit neuen Sachverhalten,
- Analysieren neuer Sachverhalte.

Achtung!
Entscheiden Sie sich bei der Einführung dieser Vorgehensweise immer nur für eine Möglichkeit. Die Komplexität erhöht sonst die Frustrationen auf Schülerseite. Die systematische Entwicklung und Umsetzung entwickelt und verbessert aber die Lernstrategien der Schüler.

Anforderungsbereich III: Beurteilen

Deutung und Wertung von Textinhalten

Dieser dritte Anforderungsbereich umfasst das planmäßige Verarbeiten und die eigenständige Reflexion komplexer Gegebenheiten mit dem Ziel, zu selbstständigen Begründungen, Folgerungen, Deutungen und Wertungen zu gelangen und dann möglicherweise eigene Lösungsansätze zu entwickeln (oberste Stufe der differenzierten Textarbeit).

Gleich mal ausprobieren

Sie finden hier eine Reihe von differenzierten beurteilenden Vorgehensweisen:
- problembezogenes Denken, Urteilen, Begründen,
- gezielte Nutzung des speziellen Fachwissens,
- Begründung eines selbstständigen Urteils,
- Aufzeigen von Alternativen,
- Erkennen von Bedeutung und Grenzen des Aussagewertes von Informationen,
- Reflektieren von Normen, Konventionen, Zielsetzungen und Theorien,
- Problematisieren von Sachverhalten durch selbstständig entwickelte Fragestellungen,
- Erörtern von Hypothesen und Überprüfen auf ihre Realisierungsbedingungen,
- kritische Untersuchung und reflexive Distanz zum eigenen Vorgehen,
- Entwicklung einer eigenständigen gedanklichen und sprachlichen Darstellung,
- Methodenreflexion und -evaluation,
- Überprüfen von Darstellungsformen auf ihre Aussagekraft.

Wie viele und welche Vorgehensweisen setzen Sie in Ihrem Unterricht um? Achten Sie darauf, Ihren Schülern eine möglichst abwechslungsreiche Bandbreite anzubieten.

Aufgaben zu nichtlinearen Texten

59

Als nichtlineare, auch diskontinuierliche Texte bezeichnet man alle Formen von Grafiken, Tabellen, Karikaturen, Zeichnungen, Bildern, Fotos usw. Ihre Analyse und Deutung gewinnt auch außerhalb des Kunst- und Deutschunterrichts zunehmend an Bedeutung (Tipp 68).

❯ Tipp 68

Ein Bild kann mehr aussagen als tausend Worte – allerdings muss man dem Bild seine Bedeutung auch entnehmen können. Das setzt einige Grundfähigkeiten voraus. Folgendes muss beachtet werden:
- Die Analyse und Deutung nichtlinearer Texte enthält sachliche, genaue und objektive Informationen.
- In die einleitende Darstellung gehören Angaben zum Titel, zur Quelle (z. B. Verfasser), zum Entstehungsjahr und eventuell zur Technik (z. B. Collage, Ölgemälde).
- Im „Hauptteil" wird zunächst der Gesamteindruck wiedergegeben, dann werden Einzelheiten dargestellt.

Gleich mal ausprobieren
Bei Gemälden oder Bildern bzw. Fotos, die viele Details enthalten, empfiehlt sich folgendes Vorgehen beim Betrachten und Beschreiben: von links nach rechts, von oben nach unten oder vom Vordergrund über die Mitte in den Hintergrund.

Die Differenzierung beim Umgang mit nichtlinearen Texten entsteht durch die individuellen Vorgehensweisen der Schüler (individuelle Methodenkenntnisse und Strategien). Durch die Präsentationen lernen die Schüler unterschiedliche Techniken und Interpretationen kennen – was sie wiederum ermutigt, Neues auszuprobieren.

Individueller Einsatz von Methoden und Strategien

SCHÜLER ARBEITEN MIT TEXTEN

60 Differenzierte Arbeitsblätter

Differenzierte Arbeitsblätter sind Lernangebote, die nach bestimmten Kriterien modifiziert werden, damit ein leistungsadäquates Lernen und eine fließende Bearbeitung der Aufgaben gelingen.

Kriterien zur Modifikation von Arbeitsblättern

Die Kriterien zur Modifikation der Arbeitsblätter können folgende sein:
- Variation des Aufgabenpensums,
- unterschiedliche Anforderungen hinsichtlich des Schwierigkeitsgrads,

▶ Tipp 3
- Berücksichtigung unterschiedlicher Lernwege (Tipp 3).

Bei der oben genannten Variation des Aufgabenpensums handelt es sich um eine quantitative Differenzierung, bei der vor allem das individuelle Lerntempo der einzelnen Schüler berücksichtigt wird. Der Aufgabentypus der Arbeitsblätter wird beibehalten, lediglich die Anzahl der Aufgaben wird reduziert bzw. erweitert.

Gleich mal ausprobieren

- Damit langsam arbeitende Schüler genauso auf die Vielfältigkeit von Aufgabenstellungen eingestellt werden wie schnellere Schüler (dies ist spätestens bei Lernkontrollen von Bedeutung), können beispielsweise Rechenaufgaben, die jeweils in a) bis x) untergliedert sind, auf eine minimale Anzahl von Teilaufgaben gekürzt werden, sodass diese Schüler wenigstens die Chance erhalten, jeden Aufgabentyp einmal kennengelernt zu haben.

- Eine weitere Möglichkeit der Modifikation bietet die qualitative Differenzierung, indem Arbeitsblätter mit unterschiedlichen Anforderungen im Schwierigkeitsgrad erstellt werden. Die Anzahl der Aufgaben ist meistens dieselbe, es verändert sich aber die Aufgabenstellung bzw. der Aufgabentyp. Während leichtere Aufgaben sich auf die reine Reproduktion von Gelerntem beziehen, erfordern Arbeitsblätter mit erhöhten Anforderungen beispielsweise das Erkennen von Zusammenhängen bis hin zu Transferleistungen.

Hier ein Beispiel aus dem Fach Mathematik:

45 × 68 =
23 654 + 35 670 =
387 414 : 6 =
34 880 − 5 834 =   Ziel: 155 999

Anforderungsniveau I:
Das Ausrechnen von Päckchen ist reine Reproduktion von bereits gelerntem und angewendetem Grundwissen.
Anforderungsniveau II:
Das Päckchen soll fortgesetzt werden. Dabei müssen Zusammenhänge erkannt werden.
Anforderungsniveau III:
Ein neues Rechenpäckchen soll selbst erstellt werden, das eine ähnliche Struktur aufweist. Die Zusammenhänge werden reflektiert und notiert.

Weiter können die unterschiedlichen Lernwege der Schüler unterstützt werden, indem ihnen Lösungswege, z. B. beim Lernen durch Ausprobieren, zum Teil bereits vorstrukturiert werden.

61 MIT DEM SCHULBUCH ARBEITEN

Themendifferente Lernangebote zusammenstellen

Welche Möglichkeiten haben wir, mithilfe von Schulbüchern, die im Schulalltag zum größten Teil den thematischen Rahmen stellen, zu differenzieren? Schulbücher für Gesamtschulen enthalten mittlerweile eine große Vielfalt an Differenzierungsangeboten, z. B. in Form von Vertiefungsthemen und Aufgaben mit höherem Anspruchsniveau. Doch auch mit einem Schulbuch, das solches Material nicht explizit zur Verfügung stellt, kann differenziert gearbeitet werden: In der Regel werden Lehrbücher im Unterricht thematisch nicht komplett behandelt, sodass am Ende eines Schuljahres ein Überschuss an Themen, Inhalten, Aufgaben usw. entsteht, der nicht genutzt wurde. Daraus können für die Schüler themendifferente Lernangebote zusammengestellt werden (Tipp 18).

❯ Tipp 18

Gleich mal ausprobieren

Wenn im Fach Deutsch das Thema „Kurzgeschichte" behandelt wird, lässt sich beispielsweise folgendermaßen differenzieren:
Anstelle von nur einer Kurzgeschichte wird aus dem Deutschbuch noch eine weitere herausgesucht, die nicht nur inhaltlich anders, sondern gleichzeitig schwieriger bzw. leichter zu analysieren ist. Jeder Schüler erarbeitet je nach Leistungsstand und Interesse einen der beiden Texte.

Um die Ecke gedacht

Bei der Planung einer Unterrichtseinheit sollte die Lehrkraft das Unterrichtsmaterial aus Schulbüchern strukturiert und nach folgenden Kriterien durchdenken, um die Differenzierungsmöglichkeiten abzuklopfen:
Bieten die Unterrichtsmaterialien die Chance,
- Aufgaben zu erweitern bzw. reduzieren? (quantitativ),
- die zu erlernenden Kompetenzen anhand unterschiedlicher Themen zu vermitteln? (themendifferent),
- unterschiedliche Lernwege anzubieten? (auditiv, haptisch, visuell) (Tipp 3),
- flexible Lernziele zu formulieren (Tipp 20)?

> Tipp 3
> Tipp 20

62 SACHBÜCHER EINSETZEN

Hoher Motivationsfaktor

Der Einsatz von Sachbüchern im Unterricht bietet Schülern die Möglichkeit, sich über die Informationen aus Schulbüchern hinaus weitere, vertiefende Einblicke in bestimmte Themen zu verschaffen. Dadurch, dass die Inhalte darin anders als in Schulbüchern beschrieben sind, stellen Sachbücher für Schüler meistens einen höheren Motivationsfaktor dar. Besonders in niedrigeren Jahrgängen sollten die Schüler unter Anleitung des Lehrers die Kompetenz erwerben, wie man mit Sachbüchern arbeitet und gezielte Recherchen durchführt.

Sachbücher können von Schülern selbst oder von der Lehrkraft mit in den Unterricht gebracht werden. Für Vorhaben oder Projekte (Tipp 89, 90), bei denen über eine bestimmte Zeit themenorientiert gearbeitet wird, bieten manche Stadtbibliotheken Lehrkräften auch die Möglichkeit, Themenkisten auszuleihen, in denen den Schülern eine Auswahl von Sachbüchern für eine bestimmte Zeit zur Verfügung gestellt wird.

› Tipp 89, 90

Themenkisten aus der Bibliothek

Gleich mal ausprobieren
Um Sachbücher überhaupt zur Differenzierung einsetzen zu können, ist es wichtig, dass die Lehrkraft sie, bevor sie den Schülern zur Verfügung gestellt werden, sichtet. Die Bücher sollten nach bestimmten Kriterien beurteilt werden. Diese Einschätzung muss letztlich auch für die Schüler – beispielsweise in Form eines Klebepunktes auf dem Buchcover (blau = leichte Lektüre, rot = anspruchsvolle Informationstexte usw.) – ersichtlich sein. Genauso können Klebestreifen mit thematischen Hinweisen in den Büchern den Schülern als Hilfestellung dienen.

ZEITUNGSARTIKEL VERWENDEN

63

Zeitungsartikel können bei aktuellen Themen zur inhaltlichen Ergänzung und vor allem als realitätsnahe und zeitgemäße Informationsquelle im Unterricht eingesetzt werden. Je nach Zeitung, aus der sie stammen, haben sie ein höheres bzw. niedrigeres Anspruchsniveau. Dieses bezieht sich vor allem auf die Wortwahl sowie den Umfang und die Darstellung von Sachinformationen.

Differenziertes Anspruchsniveau

Zeitungsartikel kommen bei Schülern unterschiedlich gut an: Die einen finden sie langweilig, andere wiederum lesen sie regelmäßig. Welche Möglichkeiten hat die Lehrkraft, Zeitungsartikel im Unterricht so einzusetzen, dass alle Schüler – unabhängig von der jeweiligen Interessenlage und dem individuellen Leistungsstand – davon profitieren?

Gleich mal ausprobieren

Setzen Sie im Unterricht Zeitungsartikel zur Differenzierung ein, indem Sie entweder zu einem Thema mehrere Texte mit unterschiedlichem Schwierigkeitsgrad aus verschiedenen Zeitungen anbieten oder indem Sie einen Text bearbeiten und so unterschiedlich schwierige Versionen erstellen. Folgende Bearbeitungsmöglichkeiten bieten sich an:
- Unterstreichen Sie Fremdwörter und erklären Sie ihre Bedeutung am Rand des Textes.
- Fügen Sie Bilder ein, die den Inhalt des Artikels wiedergeben (diese können nach jedem Absatz zugeordnet und nummeriert werden).
- Löschen Sie Schlüsselwörter aus dem Artikel und lassen Sie sie von den Schülern ergänzen (ggf. können die Wörter am Rand in ungeordneter Reihenfolge als Hinweis auftauchen).

Achtung!

Setzen Sie Zeitungsartikel nicht unbedacht und spontan im Unterricht ein. Es ist wichtig, sie vorab auf die Textlänge, die Wortwahl (Fremdwörter usw.) und auf den Informationsgehalt hin zu prüfen.

› Tipp 70   Eine mögliche differenzierte Aufgabenstellung zu Zeitungsartikeln wird in Tipp 70 vorgestellt.

64 IM INTERNET RECHERCHIEREN

Computer üben auf die meisten Jugendlichen eine große Faszination aus. Oft reicht schon die bloße Ankündigung, in den Computerraum zu gehen, aus, um eine freudig gestimmte Erwartungshaltung bei den Schülern aufzubauen. Beim Umgang mit dem Internet können die Schüler ihren unterschiedlichen Fähigkeiten und Fertigkeiten, aber auch ihren verschiedenen fachlichen Neigungen und Interessen nachgehen. Möglichkeiten zum differenzierten Arbeiten ergeben sich hier viele: Zum Beispiel können die Schüler, mit bestimmten Informationen versehen, nach Themenbereichen forschen und arbeitsteilig in Gruppen oder Einzelarbeit eines oder mehrere Sachgebiete bearbeiten. Selbstverständlich kann die Recherche sich auch auf die Materialsuche für Referate (Tipp 44), Facharbeiten (Tipp 27) oder gemeinsame Vorhaben (Tipp 90) in der Klasse oder im Jahrgang beziehen.

› Differenzierte Rechenaufgaben

› Tipp 44, 27
› Tipp 90

Achtung!
> Lassen Sie Ihre Schüler niemals ohne Vorbereitung im Internet nach irgendeinem Begriff suchen – dafür ist das Netz zu umfangreich und chaotisch und die Ergebnisse könnten mehr als eine unliebsame Überraschung in sich bergen. Die Schüler sollten zuvor unbedingt eine entsprechende Einführung in Suchmaschinen und -strategien bekommen.

Beobachtungen zeigen, dass keineswegs nur das rational-logische Handling des Rechners bzw. Internets die einzig erfolgversprechende Strategie ist, sondern auch der emotional-spontane ebenso wie der pragmatisch-ausprobierende Umgang damit zu den gewünschten Ergebnissen führt. Das Lernmedium verschafft also durchaus nicht nur dem kognitiv-rationalen Lerntyp Vorteile (Tipp 16).

› Ideal für verschiedenste Lerntypen

› Tipp 16

Um die Ecke gedacht
> Unter dem Gesichtspunkt „Schüler helfen Schülern" (Tipp 80 bis 88) bietet die Arbeit am Computer eine ausgesprochen sinnvolle Möglichkeit, ein Tutorensystem zwischen computergeübten Schülern und Laien einzurichten.

› Tipp 80 bis 88

Gleich mal ausprobieren
> Seriöse, wissenschaftlich abgesicherte Materialien stehen im Internet völlig gleichberechtigt neben der Verbreitung von wirren und kruden Ansichten, der Internetadresse kann man nicht auf Anhieb ansehen, zu welcher Kategorie sie ge-

hört. Hier bietet sich ein breites Feld, in dem Schüler eigenständig und differenziert Beurteilungskriterien für Internetquellen erarbeiten können.

Eine sehr anspruchsvolle, aber höchst reizvolle Möglichkeit bietet das Internet zudem denjenigen Schülern, die Spaß am kritischen Reflektieren haben: Leiten Sie sie dazu an, ihre eigene Meinung ins Netz zu stellen!

65 Differenziertes Vokabellernen

Das Vokabellernen ist bei Schülern meist unbeliebt. Sie empfinden es als mühevoll und haben oft große Schwierigkeiten, sich die Wörter und ihre Bedeutung zu merken.

Um die Ecke gedacht

> Auch wenn das Auswendiglernen von Wörtern nicht unbedingt eine Lerntypanalyse erfordert, ist es doch so, dass jeder Schüler seinen eigenen Weg finden muss, um Vokabeln in den Kopf zu bekommen.

Gleich mal ausprobieren

Stellen Sie Ihren Schülern zu Beginn des Schuljahres unterschiedliche Methoden vor, Vokabeln schnell und effektiv zu lernen und dauerhaft zu behalten:

- Im ersten Schritt werden die Vokabeln aufgeschrieben, meist in der jeweiligen Zielsprache, das deutsche Wort wird danebengeschrieben.
- Manche Schüler können sich Vokabeln merken, indem sie nicht nur das isolierte Wort auswendig lernen, sondern sich Wörter auch in einer bestimmten Reihenfolge einprägen, wie sie z. B. im klassischen Vokabelheft aufgeführt werden.
- Andere Schüler schreiben die Wörter lieber isoliert auf Karteikarten (Tipp 71) und haben dadurch die Chance, die Vokabeln ungeordnet zu lernen und besonders die Karteikarten herauszulegen, die einfach noch nicht „sitzen".

❯ Tipp 71

| Um dem Problem, dass Vokabeln zusammenhanglos auswendig gelernt werden, zu entgehen, bietet sich die Möglichkeit, jede Vokabel in einem Satz lernen zu lassen oder zumindest einen solchen Beispielsatz lesen zu lassen, damit der Schüler das Wort im Kontext besser nachvollziehen und es sich so besser merken kann.

ZEITLEISTEN NUTZEN

66

Zeitleisten stellen historische, kulturelle und literarische Daten und Epochen über längere Zeiträume linear dar. Wenn Sie Zeitleisten begleitend zu vielen (allen) Themen im Klassen- oder Lernraum aufhängen, haben Sie immer wieder die Möglichkeit, einen chronologischen Überblick zu schaffen und konkrete Ereignisse einzuordnen.
Vorteilhaft ist es, wenn die Schüler in Einzel- oder Partnerarbeit selbst diese Zeitleisten anfertigen. So können sie chronologisches Geschichts- oder Politikwissen aufbauen, sich einen Überblick über Zeitspannen und -räume verschaffen und werden in die Lage versetzt, Zusammenhänge zwischen den verschiedenen Fachbereichen herzustellen. Zeitleisten helfen den Schülern gleichzeitig beim Üben und Wiederholen und gestalten den Lernraum ansprechend.
Die unten geschilderte differenzierte Vorgehensweise beim Erstellen einer Zeitleiste und die aktive Beteiligung der Schüler bilden die Grundlage für individuelle Lernprozesse und Lernzuwachs.

Individuelle Lernprozesse

Gleich mal ausprobieren

| Lassen Sie die Schüler gemeinsam eine Überblickszeitleiste mit einer Skalierung entwickeln. Jedes Team ist für einen bestimmten Zeitraum verantwortlich und trägt die wichtigsten Daten ein. Es muss so viel Platz zwischen oder unter/über den chronologischen Ereignissen bleiben, dass aus anderen Unterrichtsfächern weitere Daten, Begriffe, Personen usw. ergänzt werden können.

Um die Ecke gedacht

Zu Beginn und am Ende jeder Unterrichtsstunde blicken die Schüler gemeinsam mit dem Lehrer auf die Zeitleiste – sie nehmen so immer wieder zeitliche Einordnungen vor und stellen Zusammenhänge her. Sogar das bloße Aufhängen und unbewusste Anschauen des Zeitstrahls haben zur Folge, dass sich die Schüler an viel mehr erinnern als ohne Überblicksleiste.

67 MIT MODELLEN ARBEITEN

> Tipp 16

Modelle werden im Unterricht meistens zur Veranschaulichung eines bestimmten Inhalts oder Zusammenhangs eingesetzt. Durch diese differenzierende Methode können vor allem solche Schüler inhaltlich angesprochen werden, die besonders gut aufgrund haptischer, taktiler und visueller Erfahrungen lernen können (Tipp 16). Modelle haben im Unterricht außerdem den Vorteil, dass sie einen starken Aufforderungscharakter haben und die Schüler in der Regel für den Lernstoff motivieren.

Achtung!

Je nach Zielsetzung und Art des Modells sollte der Umgang damit von der Lehrkraft demonstriert werden, bevor die Schüler es als Hilfsmittel einsetzen. So kann Frustrationen, die bei falscher Handhabung des Modells entstehen können, vorgebeugt werden.

Gleich mal ausprobieren

In einer 6. Klasse werden im Fach Mathematik im Rahmen der Geometrie Würfelgebäude behandelt. Die Schüler sollen herausfinden, wie viele verschiedene Möglichkeiten von Gebäuden es mit 8 (9 oder 14) Würfeln gibt, und diese aufzeichnen.

> Anhand mehrerer überdimensional großer Würfel führt die Lehrkraft in das Thema ein.
> Schüler mit hohem Leistungsniveau können aufgrund ihres räumlichen Vorstellungsvermögens nun Würfelgebäude aus möglichst vielen Würfeln ohne Hilfe zeichnen. Andere wiederum benötigen weitere Unterstützung: Anhand von Modellen können sie durch Ausprobieren der Lösung näher kommen – und diese dann aufzeichnen.

Ob mit mathematischen oder mit biologischen Modellen gearbeitet wird – durch die Visualisierung von Gegenständen erhalten die Schüler die Möglichkeit, Sachverhalte besser nachvollziehen und sie sich dadurch letztlich leichter einprägen zu können.

Diagramme interpretieren

68

Tabellarische Übersichten, Statistiken, Balken- und Tortendiagramme, Kurven im Koordinatensystem – diese differenzierten Darstellungsformen gewinnen in nahezu allen Unterrichtsfächern zunehmend an Bedeutung. Vor allem visuelle Lerntypen können sich Sachverhalte auf diese Weise gut erschließen und merken, andere brauchen mehr Übung dazu (Tipp 16).

❯ Tipp 16
Differenzierter Umgang mit Diagrammen

„Ich glaube nur den Statistiken, die ich selbst gefälscht habe" – dieser Satz wird zwar zu Unrecht dem englischen Premierminister Winston Churchill zugeschrieben, ist aber so falsch nicht, denn mit der Wahl des Maßstabes oder auch anhand dessen, was das Diagramm nicht aussagt, lässt sich schon eine Menge manipulieren. Nicht nur das Lesen, sondern auch das differenzierte methodisch kontrollierte Vergleichen und Interpretieren des Datenmaterials sind unabdingbar für das angemessene Verständnis von Schaubildern und der Bearbeitung damit verbundener Aufgaben (Tipp 59). Daher sollte Schülern ein exakter und differenzierter Umgang mit Diagrammen vermittelt werden.

❯ Tipp 59

Gleich mal ausprobieren

Geben Sie Ihren Schülern das folgende Raster als Leitfaden zur Interpretation von Diagrammen an die Hand:

1. Das Diagramm kurz erläutern.
- Was ist das genaue Thema?
- Welche Zusammenhänge werden untersucht?
- Was ist an dem Diagramm aktuell von Bedeutung?

2. Das Forschungsdesign beschreiben.
- Wer hat die Untersuchung durchgeführt?
- Wie groß war die Erhebung?
- Wer wurde wie befragt?
- Wann war die Untersuchung?
- Wie lauteten die Fragen und Alternativen?
- Was sagt das Diagramm nicht aus?

3. Das Diagramm genau beschreiben.
- Welche äußere Form wurde gewählt?
- Welche grafischen, bildlichen, zeichnerischen Hilfsmittel wurden verwendet?
- Wie ist der gewählte Maßstab?

4. Die Zahlen interpretieren.
- Welche der Spalten und/oder Reihen sind wichtig, welche eher unwichtig?
- Wie kann man sich primär orientieren?
- Kann man Teile des Diagramms zu größeren (Sinn-)Abschnitten ordnen?
- Welche Zahlen sind besonders auffällig?
- Zusammenfassung in einzelnen Abschnitten oder auch übergreifend.
- Auswertung des Diagramms nach den beschriebenen Vorarbeiten.
- Zusammenfassung: wichtigste bzw. auffälligste Ergebnisse usw. nennen.

MUSIKINSTRUMENTE EINSETZEN

69

Musikinstrumente können im Musikunterricht als Mittel zur Differenzierung eingesetzt werden, um besonders den motorischen und auditiven Lerntypen (Tipp 16) gerecht zu werden.

❯ Tipp 16

Zum Einsatz können Musikinstrumente z. B. kommen, wenn im Musikunterricht ein neues Lied erarbeitet werden soll, dessen Rhythmus nicht ganz leicht zu erfassen ist und dessen Melodieverlauf schwer ins Ohr geht.

Gleich mal ausprobieren

Bei der Liederarbeitung sollen durch unterschiedliche Aktivierung drei sensorische Ebenen angesprochen werden:
- Auditiv: Die Schüler singen mit.
- Motorisch: Die Schüler bewegen sich im Rhythmus zur Musik mit (beispielsweise Walzerschritt auf der Stelle).
- Haptisch: Die Schüler spielen die Grundtöne des Liedes als Begleitung mit.

Durch den Einsatz von Körper und Instrumenten haben die Schüler aufgrund des differenzierenden Ansprechens unterschiedlicher Ebenen die Möglichkeit, ihrem Lerntyp gemäß zu lernen. Im besten Fall sollen möglichst viele Ebenen gleichzeitig angesprochen werden. Meistens genügt es aber, wenn rhythmische Merkmale durch Klatschen unterstützt oder auf Instrumenten begleitet oder Melodieverläufe und einfache Harmonien bzw. Grundtöne (je nach Altersstufe) begleitend gespielt werden.

Um die Ecke gedacht

Je mehr sensorische Ebenen beim Schüler angesprochen werden, desto einfacher und schneller lernt er.

SCHÜLER NUTZEN VERSCHIEDENE MATERIALIEN UND MEDIEN

TEXTTHEATER PRÄSENTIEREN

70

Eigene Einstellung zu Textaussagen verdeutlichen

Durch das szenische Vorspielen herausgesuchter Zitate (Wortfetzen, halbe oder ganze Sätze) aus Texten bzw. Zeitungsausschnitten sollen die Schüler diese lustvoll betont und/oder kritisch kommentieren, um so die eigene differenzierte Einstellung zu den Textaussagen zu verdeutlichen. Ausgangspunkt des Texttheaters ist ein im Regelfall von der Lehrkraft ausgewählter Text. Die Aufgabe der Schüler ist es, in Kleingruppen alle für sie wichtigen Formulierungen herauszusuchen und diese ihren Mitschülern in Form eines kurzen Theaterstücks zu präsentieren. Die wichtigsten Spielregeln sind:
- Der Wortlaut der Zitate darf nicht verändert werden.
- Die Zitate können unterschiedlich betont vorgetragen werden.
- Die gewünschte Bedeutung kann durch Körpersprache, Pantomime, Sprechpausen, rhythmisches Klopfen usw. verdeutlicht werden.
- Die Sprecher können bekannte Personen imitieren.
- Das Zitat kann variierend wiederholt werden.

Ein wichtiger differenzierender Effekt entsteht dadurch, dass die Schüler individuell, handlungsorientiert und auf ein konkretes Ergebnis hin miteinander kooperativ arbeiten müssen.

Am Schluss werden die Aufführungen gebührend gewürdigt. Nach Abschluss des Texttheaters kann dann das Thema auf vertieftem Niveau entweder mit dem bisherigen Text oder mit anderen Materialien weiterverfolgt werden.

Gleich mal ausprobieren

› Tipp 63

Suchen Sie Zeitungsartikel zu aktuellen politischen Themen oder zur wirtschaftlichen Lage heraus. Sie eignen sich in der Regel gut zur Verwendung im Texttheater (Tipp 63).

LERNKARTEIEN ERSTELLEN

71

Lernkarteien werden mit dem Ziel entwickelt, das Langzeitgedächtnis zu trainieren. Die Wörter und Begriffe auf den Karteikarten werden während der Abfrage innerhalb des Karteikastens so lange umsortiert und regelmäßig in immer größer werdenden Zeitintervallen geübt, bis sie im Gedächtnis gespeichert sind.

Die Vorteile einer Lernkartei sind:

- unmittelbare Lernkontrolle und sofortige Rückmeldung,
- Anpassung an den individuellen Lernrhythmus,
- individuelles Lernen durch optimale Abstimmung der Aufgabenstellungen auf die persönlichen Defizite (differenzierte Aufgaben),
- behaltenswirksames Lernen in regelmäßigen Intervallen,
- Erweiterungsfähigkeit und Veränderbarkeit: Altes wird aussortiert.

Vorteile der Lernkartei

Alles, was der Schüler lernen will, wird auf Karteikarten geschrieben. Auf die Vorderseite schreibt man das Fremdwort, die Vokabel, die Formel, den Fachausdruck, die Frage. Auf der Rückseite wird die Bedeutung, die Übersetzung, die Erklärung, der Zusammenhang, die Antwort notiert.
Die Karteikarten können entweder von Hand oder mit dem Computer von den Schülern selbst beschriftet werden. Hilfreich sind auch bildhafte Ergänzungen oder die Einbettung des Begriffes in zusammenhängende Sätze.

Eine Lernkartei erstellen

Achtung!

Achten Sie darauf, dass sich auf den Karteikarten keine Rechtschreibfehler einschleichen, damit sich der Schüler das Wort bzw. den Begriff nicht falsch einprägt.

SOS-Tipp

Die Schüler sollten darauf hingewiesen werden, dass das Sortieren und Suchen von Begriffen erleichtert wird, wenn die Karteikarten im oberen Bereich beschrieben werden.

> **Gleich mal ausprobieren**
> Jeder Schüler der Lerngruppe entwickelt zu einem bestimmten Unterrichtsthema seine eigene Lernkartei. Die Gesamtzahl der Lernkarteien führt zu einer Fülle differenzierter Aufgaben. Fordern Sie die Schüler auch dazu auf, die Lernkarteien untereinander auszutauschen.

Spielend lernen

72

Spielen ist zweckgerichtetes Handeln in vorgestellten Situationen, es kann eine Intensivierung des Lernprozesses durch Verlangsamung bewirken. Außerdem ist Spielen eine zielgerichtete Tätigkeit und daher handlungs- und produktionsorientiert. Das Spiel produziert seine eigene Dynamik, die die Spieler vorwärtstreibt – die Fremdkontrolle durch den Lehrer wird durch die Eigenkontrolle abgelöst.

Auf individuelle Bedürfnisse der Schüler angepasst

Lernspiele können daher sehr gut zum differenzierten Arbeiten eingesetzt werden, v. a. selbst produzierte Spiele lassen sich genau den individuellen Bedürfnissen der Schüler, der Lerngruppe und dem gewählten Unterrichtsthema anpassen. Zudem macht das Entwickeln und Herstellen von Lernspielen sowie natürlich das Spielen selbst den Schülern großen Spaß.

Spielerische Lernformen lassen sich grob in zwei Kategorien einteilen:
1. Die Kommunikations- und Gesellschaftsspiele, die zur Gruppenbildung innerhalb der Klasse wichtig sind, aber keinen Bezug zum Inhalt der Schulfächer haben.
2. Fachliche Lernspiele, für die es im Regelfall ganz präzise Angaben in Bezug auf Fach, Alters- und Schulstufe gibt. Diese Spiele sind fast ausschließlich für längere Unterrichtsphasen oder ganze Schulstunden geeignet, in denen die Schüler allein oder in Gruppen schon bekannten Stoff einüben, wiederholen, vertiefen und die eigenen Fähigkeiten und Fertigkeiten vervollkommnen.

In Einstiegssituationen, in denen die Schüler zur Vorbereitung des neuen Themas einen längeren Text lesen sollen, können Lernspiele die Überprüfung dieser Vorbereitungsarbeit auf ebenso spielerische wie effektive Weise gewährleisten. Im weiteren Unterricht können sowohl die erarbeiteten Kenntnisse als auch die entstandene Motivation zur Vertiefung/Interpretation des Stoffes genutzt werden.

In Ergebnissicherungsphasen sind selbst entwickelte Lernspiele mit differenzierten Fragen und Regeln eine geeignete Möglichkeit, das neu erworbene Wissen zu überprüfen.

Gleich mal ausprobieren

- Fragespiele
  Entweder allein oder in Gruppen erstellen Schüler Karten mit selbst entwickelten Fragen zu dem zu übenden Stoffgebiet. Verlangt ist hier also nicht nur das bloße Faktenwissen, sondern auch ein gewisses didaktisches Geschick, was die möglichst sinnvolle und effektive Formulierung anspruchsvoller, aber eben auch angemessener Fragen angeht.
- Aufdeck- und Anlegespiele/Bilderspiele
  Aufdeck- und Anlegespiele trainieren das Gedächtnis mithilfe von Visualisierungen. Der Lern- und Merkeffekt tritt durch die Verbindung von Bildern mit Wörtern, Vokabeln, Fachtermini usw. ein. Zur Herstellung dieser Spiele ist zeichnerische Geschicklichkeit notwendig. Schüler, die über eine solche verfügen, können ihre Begabung hier in besonderem Maße einbringen.
- Computerspiele
  Es sind unzählige Frage- und Antwortspiele, Quizvarianten, Memorys usw. für den Computer auf dem Markt, die unter Umständen im Unterricht eingesetzt werden können.

Achtung!

Computerspiele sollten vor ihrem Einsatz im Unterricht genau auf ihre Eignung hin überprüft werden. Der in Tipp 75 vorgestellte Fragenkatalog kann hierbei eine Hilfe sein.   ▸ Tipp 75

LERNPLAKATE GESTALTEN

73

Erstellen eines Lernplakats

Auf Lernplakaten wird all das festgehalten, was so wichtig ist, dass die Schüler immer wieder daran erinnert werden müssen: eine Regel, ein Algorithmus, schwierige Vokabeln, philosophische Leitsätze usw.

Lernplakate können sowohl von den Schülern als auch von den Lehrern entwickelt und gestaltet werden. Sie sollten eine klare Struktur aufweisen und deutlich hervorgehobene Signalwörter oder Überschriften haben, denn das erleichtert dem Nutzer das Zurechtfinden. Im Regelfall erstellt man ein Lernplakat auf einer großen Pappe, einer Zeitungsrolle, einer Tapetenrolle, festem Tonkarton oder großen Stoffbahnen. Das Plakat wird mit dicken Filzstiften, mit Wasserfarben, Ölfarben oder mit der Sprühdose beschrieben bzw. mit stark vergrößerten Computerausdrucken beklebt und möglichst ansprechend und ästhetisch durch Bilder, Grafiken, Tabellen oder Gemälde gestaltet. Solche bildnerischen Elemente und Visualisierungsmittel können für eine übersichtliche Gestaltung des Lernplakates sorgen.

Um die Ecke gedacht

Lernplakate für das gemeinsame Lernen, die im Klassenraum aufgehängt werden, enthalten Elemente, die für alle Schüler der Klasse wichtig sind.
Lernplakate für das individuelle Lernen, die ein Schüler sich zu Hause an einem besonderen Platz aufhängt, beziehen sich auf Lerninhalte, die für ihn ganz persönlich wichtig sind. Individuelle Lernplakate müssen also nicht den Ansprüchen an Klassenlernplakate genügen.

Gleich mal ausprobieren

Anhand der folgenden Arbeitsschritte und Techniken können Sie die Schüler nach und nach an das Gestalten von Lernplakaten heranführen. Sie können entweder im Unterricht gebündelt eingeübt oder auch begleitend zu den Fachstunden entwickelt werden.

1. Heftseiten neu gestalten
2. themenzentrierte Bilder malen, gestalten und in der Klasse präsentieren
3. Plakate malen und gestalten
4. Folien und Pinnwände übersichtlich gestalten
5. einen Film oder Lehrervortrag rekonstruieren und visualisieren
6. individuelle Übungsplakate entwerfen

LERNJOURNALE FÜHREN

74

Lernjournale sind individuell vom Schüler gestaltete Hefte oder Kladden, die in einem Fach oder auch parallel in mehreren Fächern geführt werden. Die Schüler halten in schriftlicher und bildlicher Form das fest, was sie vom Unterrichtsstoff verstanden haben.

Das Lernjournal muss drei Anforderungen genügen:
- Es sollte chronologisch und regelmäßig geführt werden.
- Die geschriebenen Texte müssen ausformuliert sein.
- Es bleibt unzensiert.

Die Schüler notieren im Lernjournal einerseits Essentials hinsichtlich ihrer Erfahrungen und Erkenntnisse zum Stoff in der ihnen eigenen Ausdrucksweise und dokumentieren so ihren individuellen Lernfortschritt, den sie immer wieder nachlesen können. Sie formulieren aber andererseits auch ihre Schwierigkeiten und äußern Zweifel sowie eventuell Unmut über den vermittelten Fachinhalt. Das Lernjournal muss keinerlei sprachlichen Vorgaben genügen.

Den individuellen Lernfortschritt dokumentieren

Um die Ecke gedacht

Lernjournale dokumentieren den Unterricht aus der Sicht des Schülers. Sie sind nicht mit Hausheften, Fachmappen oder Protokollen zu vergleichen, denn es stehen die Individualität und die damit verbundene persönliche „Aufschreibweise" im Vordergrund. Daher ist das Lernjournal

> für andere manchmal auch nicht nachvollziehbar (individuelle Strategien, um sich etwas zu merken) und es fehlt die Fachsprache (in höheren Jahrgängen wird sie je nach Fachkompetenz eingesetzt).

Grundlage zur Analyse des Lernverhaltens

▸ Tipp 21

Anhand des Lernjournals können Schüler und Lehrer nachvollziehen, wie sich der Betreffende die Unterrichtsinhalte im Einzelnen angeeignet hat. Dem Schüler dient das Lernjournal somit auch zur Selbsteinschätzung (Tipp 21). Es lassen sich Rückschlüsse auf den Lernerfolg oder -misserfolg ziehen, das individuelle Lernverhalten lässt sich analysieren und in einem weiteren Schritt schließlich verändern.

SOS-Tipp
> Insbesondere für jüngere Schüler ist es schwierig, das Lernjournal parallel zum Unterricht zu führen. Helfen Sie ihnen, indem Sie ihnen am Ende jeder Fachstunde fünf Minuten Zeit geben, ihre Gedanken und Überlegungen aufzuschreiben. Nützlich sind hierfür auch Orientierungsfragen wie: Was habe ich gelernt? Was habe ich gerne gemacht?

Gleich mal ausprobieren
Machen Sie die Schüler mit den oben genannten Merkmalen eines Lernjournals vertraut. Lassen Sie sie dann die Inhalte einzelner Schulstunden auf diese Weise protokollieren. Wenn die Schüler zum ersten Mal mit der Methode arbeiten, ist es ratsam, sich mit ihnen im Anschluss daran in einem Klassengespräch über mögliche Schwierigkeiten usw. auszutauschen.

Lernprogramme nutzen

75

Wenn sich im Klassenraum mehrere Computer befinden, sollten die Schüler die Möglichkeit bekommen, daran zu einem Thema mit unterschiedlichen Lernprogrammen zu arbeiten. Während also z. B. auf der Hauptbühne des Unterrichts ein bestimmter Inhalt erarbeitet wird, können diejenigen Schüler, die – aus welchen Gründen auch immer – freie Zeit zur Verfügung haben, am Computer mithilfe von Lernsoftware ihre Kenntnisse vertiefen, erweitern und mit anderen Bereichen vernetzen.

Kenntnisse in Einzelarbeit vertiefen, erweitern und vernetzen

Um die Ecke gedacht

Da der Erfolg dieser vom Lehrer nicht kontrollierten Einzelarbeit fast ausschließlich von der Qualität der Lernsoftware abhängt, ist es wichtig, diese anhand eines Kriterienkatalogs zu überprüfen.
Folgende Fragen sollten an das jeweilige Programm gestellt werden:
- Wie gehen Schüler mit den verschiedenen Leistungsniveaus um, die das Programm bietet?
- Wie empfinden die Schüler die persönliche Ansprache des Programms?
- Wie reagieren die Schüler auf positive Bestätigungen durch die Software?
- Welche fachliche, didaktische und methodische Unterstützung bietet die Hilfe-Funktion?

Gute Lernsoftware sollte so gestaltet sein, dass sie
- Erfolgserlebnisse für alle Schüler durch verschiedene Leistungsniveaus sichert,
- möglichst viel Eigeninitiative der Schüler zulässt,
- gemachte Fehler analysiert und Hinweise zur Fehlerkorrektur liefert,
- differenzierte Hilfeleistungen bietet, die noch nicht gleich zur Lösung führen,
- die Lösungsvorschläge erläutert und
- keine negativen Beurteilungen liefert.

Gleich mal ausprobieren

Überlegen Sie zunächst gemeinsam mit den Schülern, welche Lernprogramme ihnen Spaß machen und mit welchen sie schon gute Erfahrungen gemacht haben. Suchen Sie dann gezielt nach genau diesen, denn die Anzahl der auf dem Markt angebotenen Lernprogramme ist mittlerweile fast unüberschaubar. Bevor Sie den Schülern die Software zur Verfügung stellen, sollten Sie sie aber zusätzlich noch anhand des oben aufgeführten Kriterienkatalogs einer gründlichen Prüfung unterziehen.

MERKZETTEL ANLEGEN

76

Der Schüler, der einen Merkzettel anfertigt, muss sich dessen Inhalt und Gestaltung sehr genau überlegen. Er muss also bei der Vorbereitung entscheiden, was von dem behandelten Unterrichtsstoff so wichtig ist, dass es unbedingt aufgeschrieben werden muss, bzw. welches Wissen in der nächsten Klassenarbeit abgefragt wird. Es gibt unterschiedliche Möglichkeiten, einen Merkzettel zu gestalten:

Gestaltungsmöglichkeiten

- Das ganze behandelte Fachwissen wird stichwortartig aufgeschrieben.
- Es werden nur die wichtigsten Fachkenntnisse notiert.
- Selbst entwickelte Signalwörter erinnern an den Stoff.
- Es wird das notiert, was man sich nicht merken kann.

Merkzettel müssen so gestaltet sein, dass man mit einem Blick das Wesentliche erfassen kann:
- so wenig Text wie möglich,
- so leserlich und groß geschrieben wie möglich,
- so übersichtlich wie möglich.

Gleich mal ausprobieren

Bitten Sie jeden Schüler, für die nächste Leistungsüberprüfung einen individuellen Merkzettel zu erstellen – eine Chance, sich optimal vorzubereiten. Am Ende dieser Arbeitsphase werden die Merkzettel mit Namen versehen und Sie sammeln alle ein. Nach der Überprüfung werden die Zettel wieder ausgeteilt und es wird besprochen, was die Schüler von den notierten Fachinhalten wirklich benötigen und welche Fehler und Vorzüge ihre Wahl der Gestaltung hat. Für die Leistungsüberprüfung dürfen die Schüler ihren Merkzettel noch einmal überarbeiten und währenddessen auch benutzen. Der Merkzettel wird mit der Leistungsüberprüfung zusammen eingesammelt und geht in die Bewertung mit ein.

Um die Ecke gedacht

Der Austausch der Merkzettel untereinander oder die Bearbeitung in der Gruppe führt zu interessanten Gesprächen über relevante Unterrichtsinhalte.

LERNSTOFF VISUALISIEREN

77

Vor allem Schüler, die eher über den visuellen Eingangskanal Lernstoff aufnehmen (Tipp 16), können mithilfe von Bildern gut lernen. Sie verbinden vor ihrem geistigen Auge das Bild mit dem dazugehörigen Wort oder Begriff und assoziieren diese Verbindung auch noch nach längerer Zeit.

> Tipp 16

Um die Ecke gedacht

Das Fernsehen arbeitet unter anderem mit diesem Mittel: Bilder – auch ohne Ton – werden mehrmals hintereinander eingeblendet. So merken wir uns die bildhafte Darstellung in Verbindung z. B. mit dem Text oder der Sprache, und wenn wir nach längerer Zeit das gleiche Bild wiedersehen, erinnern wir uns an den Zusammenhang.

Bilderbücher ermöglichen differenziertes Lernen und Üben

Die naturwissenschaftlichen Fachbereiche haben sich den Vorteil der Visualisierung von Lernstoff schon immer zu eigen gemacht, mehr und mehr treten „Bilderbücher" aber inzwischen auch in den anderen Fachbereichen auf. Ganze Reihen und Bücherserien dieser Art gibt es bereits: visuelle Lexikonbände sowie Fachbücher mit dem Vermerk „Die Bildsachbücher der neuen Generation" usw. Für einige Schüler ist ein solches „Bilderbuch" zu einem bestimmten Thema unbedingt notwendig, damit sie differenziert lernen und üben können.

Gleich mal ausprobieren

▶ Tipp 71

Nutzen Sie in der Schule das bildhafte Gedächtnis, indem Sie z. B. beim Vokabellernen mit Visualisierungshilfen arbeiten. Lassen Sie die Schüler kleine Zeichnungen und Grafiken selbst so anfertigen, dass sie bildhaft das zu Lernende festigen. Beispielsweise können die Karten einer Lernkartei durch solche ergänzt werden (Tipp 71). Auch Zeitungsausschnitte zur bildhaften Unterstützung eines Textes oder der zu lernenden Vokabeln können ein Bilderbuch ergeben. Systematisch angeleitet entwickeln die Schüler eine große Kreativität in diesem Bereich.

Es müssen ja nicht alle Schüler diese Variante der Übung nutzen und einsetzen. Derjenige aber, der sich durch die Unterstützung von Bildern den Lernstoff besser merken kann, der ihn so besser versteht, sollte diese Übung in sein Repertoire aufnehmen.

AUDITIVE UND AUDIOVISUELLE MEDIEN

78

Auditive und audiovisuelle Medien können in den unterschiedlichsten Lernsituationen Anwendung finden. Systematisch eingesetzt und regelmäßig genutzt, erhöht das Üben mit diesen Medien das individuelle Sprachvermögen der Schüler sehr.

Achtung!

> Wie und mit welchen Verfahren und Techniken auditive und audiovisuelle Medien eingesetzt werden können, sollte in der Schule unbedingt geübt werden, denn erfahrungsgemäß sind Schüler nicht in der Lage, mit diesen Medien sach- und fachgerecht zu lernen.

Hilfreich sind die auditiven Medien auch bei der Vorbereitung von Referaten – sei es in einer Fremd- oder der Muttersprache (Tipp 44, 45). So können im Vorfeld einzelne Sätze oder auch das vollständige Referat aufgenommen, überprüft und gegebenenfalls verändert werden. Zahlreiche Lernprogramme auf dem Computer sind nach diesem System entwickelt worden (Tipp 75). Der Schüler hört sich z. B. eine Textpassage im Englischen an und muss diese nachsprechen. Ist die Aussprache nicht korrekt, kann er den Gesamttext oder auch das Spiel so lange nicht weiterverfolgen, bis seine Aussprache einen entsprechenden Standard erreicht hat.

Zur Referatvorbereitung nutzen
❯ Tipp 44, 45

❯ Tipp 75

Um die Ecke gedacht

> Das Lernen mit audiovisuellen Medien hat im Vergleich zu den auditiven Medien den großen Vorteil, dass auch psychomotorische Verhaltensweisen beobachtet, kontrolliert und überprüft werden können.

Gleich mal ausprobieren

> Institutionalisieren Sie den Einsatz von Videokameras im Unterricht. Schüler verlieren beim regelmäßigen und selbstverständlichen Einsatz visueller Medien ihre Hemmungen. Das hat den Vorteil, dass z. B. in Jahrgang 9 oder 10 auf diese Weise Vorstellungsgespräche trainiert, öffentliche Auftritte geprobt und Präsentationen vor größerem Publikum eingeübt werden können.

79 LERNHIERARCHIEN AUFZEIGEN

▶ Tipp 92

Indem die Schüler Lerninhalte mithilfe von Mindmaps (Tipp 92) oder Baumdiagrammen in eine hierarchische Ordnung bringen, kann das Lernen differenziert geplant und gestaltet werden. Mühsames Auswendiglernen wird vermieden und das Langzeitgedächtnis wird aktiviert.

Gleich mal ausprobieren

> Jeder Schüler entwickelt individuell eine Übersicht über zentrale Begriffe eines Themas. Diese Oberbegriffe werden in mit Stichworten versehene Teilbereiche untergliedert. Jeder Teilbereich wird stichwortartig mit den Fakten aus den Lernunterlagen aufgefüllt.

Effektive Auseinandersetzung mit dem Lernstoff

Durch die Gliederung des Lernstoffes entstehen differenzierte Lernhierarchien, die für alle Schüler nutzbar gemacht werden können, da sie individuelle Lernstrategien aufzeigen. Der Austausch in kleinen Gruppen führt zur effektiven Auseinandersetzung mit den Lerninhalten: Ist ein Komplex nicht richtig verstanden worden oder müssen Aufzeichnungen noch einmal hinterfragt bzw. sollten Texte noch einmal gelesen werden? All das zeigt sich in den Lernhierarchien.

Achtung!

> Die Gestaltung sollte immer vom Großen zum Kleinen bzw. von Ober- zu Unterbegriffen bis hin zu Details gehen. So können Einzelheiten besser behalten werden.

80 SCHÜLER-HELFER-SYSTEME BILDEN

Die Praxiserfahrung bestätigt immer wieder, dass Schüler sich gegenseitig besonders gut helfen können. Dies ist nicht zuletzt aufgrund ihrer ähnlichen Denkstrukturen, die sie beim Verstehensprozess anwenden, so

Die Einführung eines solchen Helfer-Prinzips kann zu einer erfolgreichen Institution werden – dafür aber muss sie gezielt und strukturiert installiert und durchgeführt werden. Bevor Schüler Schülern helfen, sollte vorab genau abgesprochen werden, in welchem Bereich der jeweilige Schüler Hilfe braucht. Auf der Gegenseite müssen die Schüler, die ihre Hilfe anbieten, differenziert „begutachtet" werden, sodass Stärken gezielt eingesetzt werden können. Diese differenzierte Einschätzung sollte nach folgenden Kriterien erfolgen:

- Wo genau befindet sich die Leistungsstärke bzw. Leistungsschwäche des Schülers?
- Welcher Lerntyp ist er (Tipp 16)?
- Müssen geschlechtsspezifische Aspekte berücksichtigt werden?
- Wie ist der jeweilige Schüler sozial integriert? Gibt es intensive Freundschaften oder besondere Abneigungen?

Auf der Grundlage dieser Einstufung nach Leistungsvermögen sowie Arbeits- und Sozialverhalten können Schüler je nach Intention der Hilfe in leistungsheterogene Helfer-Gruppen eingeteilt werden.

Positive Begleiterscheinungen beim Einsatz von Schüler-Helfer-Systemen können sein:
Der helfende Schüler ...
- reflektiert und vertieft sein eigenes Wissen,
- wird in seinem Selbstwertgefühl und seinem Selbstbewusstsein gestärkt,
- steigert die Sozialkompetenz durch den Umgang mit anderen Schülern.

Der Schüler, der Hilfe in Anspruch nimmt, ...
- bekommt den Lerninhalt von einem „Gleichgesinnten" vermittelt,
- versteht die Lerninhalte durch die Schülererklärungen möglicherweise besser,
- kann gezielt, unmittelbar und ohne Scham nachfragen.

> Kriterien für die Bildung von Helfer-Systemen

> Tipp 16

> Positiv für Helfer und Ratsuchende

81 EXPERTEN EINSETZEN

Auf die Einführung eines neuen Themas im Fachunterricht folgt meist die Übungs- bzw. Vertiefungsphase, in der Schüler entsprechend ihrem Leistungsniveau Aufgaben selbstständig lösen. Einige Schüler bemerken erst dann, dass sie den Stoff noch nicht verstanden haben, und stellen Fragen, die sich meist auf konkrete Aufgabenstellungen beziehen. Als Lehrkraft möchten Sie in dieser Situation möglichst jedem Schüler behilflich sein und Antworten geben (Tipp 7). Dies ist aber je nach Klassengröße, der vorherigen Einführung des Themas und der darauffolgenden Anzahl und Vielfältigkeit der Schülerfragen nicht immer realisierbar.

❯ Tipp 7

SOS-Tipp

Ziehen Sie zur Beantwortung von Schülerfragen auch Mitschüler hinzu, die in dem jeweiligen Thema „Experten" sind. Es ist bekannt, dass Schüler Schülern häufig sehr gut helfen können, indem sie in Schülersprache die Problematik der jeweiligen Aufgaben aus ihrer Sicht beschreiben.

Gleich mal ausprobieren

Die zu bearbeitenden Aufgaben werden gemeinsam in der Klasse besprochen. Um die Schüler ihrem Leistungsniveau entsprechend abzuholen, werden differenzierte Aufgaben bezüglich ihrer Anzahl und des Schwierigkeitsgrads (beispielsweise als Grund- und Erweiterungsaufgaben) für die Schüler offensichtlich an der Tafel kenntlich gemacht und durchnummeriert. Für jede Aufgabe werden ein oder mehrere Experten eingesetzt, die nach dem „Überfliegen" das Gefühl haben, diese Aufgabe bewältigen zu können. Auf ihre Kompetenz, sich selbst richtig einschätzen zu können, muss in diesem Fall vertraut werden (Tipp 21).

❯ Tipp 21

Das erstellte Tafelbild dient zur Orientierung während der Arbeitsphase. Sobald ein Schüler eine Aufgabe nicht versteht oder Fragen hat, kann er an der Tafel nachsehen, welcher Schüler für diese Aufgabe als Experte zur Verfügung steht.

Die Lehrkraft muss die Aufgaben vorher auf Anzahl, Aufgabentyp und Arbeitsintensität hin überprüfen.

Bei einer geringen Anzahl von Aufgaben können mehrere Experten für eine Aufgabe zu unterschiedlichen Zeiten eingesetzt werden, z. B. von 10:00–10:10 Uhr ist Maximilian für die Aufgabe 3 der Experte, von 10:10–10:20 Uhr ist Julia Expertin … Die Unterstützungsphasen der Experten dürfen nicht zu lang sein, damit auch sie selbst vorankommen. Haben die Aufgaben einen hohen Anspruch, ist es sinnvoll, mehrere Experten zur gleichen Zeit bei derselben Aufgabe einzusetzen.

„Expertenrotation"

Achtung!

Die hilfebedürftigen Schüler müssen darauf hingewiesen werden, dass keine Warteschlange beim Experten entstehen darf. Entweder muss dann ein anderer Experte angesprochen, die Reihenfolge der Bearbeitung der Aufgaben verändert oder am Platz gewartet werden, bis der nächste Experte frei ist.

SCHÜLER COACHEN

82

Manche Schulen arbeiten mit sogenannten Arbeitsplänen (auch Wochenplänen), die aus unterschiedlichen Aufgaben ausgewählter Fächer (meist Hauptfächer) zusammengesetzt werden. Die Aufgaben sind differenziert und variieren sowohl in der Anzahl als auch im Schwierigkeitsgrad (Tipp 24). Die Arbeit mit solchen Plänen verlangt den Schülern in jedem Fall die Fähigkeit zum selbstständigen Lernen ab. In jeder Klasse gibt es Schüler, die damit hervorragend zurechtkommen. Andere wiederum lassen sich ablenken, träumen herum oder wissen nicht, mit welcher Aufgabe sie beginnen sollen. Die Zeit bis zur Abgabe des vollständigen Plans scheint zunächst sehr lang, der Zeitdruck ist meist erst am Ende der Woche zu spüren. Doch oft ist es dann

❯ Tipp 24
Selbstständige Arbeitsphasen werden unterschiedlich gut genutzt

schon zu spät und die Aufgaben können nicht mehr rechtzeitig erledigt werden. Solche Situationen können vermieden werden, wenn ein Schüler, der sich das Arbeitspensum seines Arbeitsplans gut einteilen kann, für einen anderen Schüler die Verantwortung übernimmt, indem er diesen beim Lernen unterstützt, ihn quasi coacht.

Um die Ecke gedacht

Wenn Schüler Schüler coachen, bekommt das Lernen einen anderen Charakter. Sie als Lehrkraft haben häufig dennoch einen besseren Überblick über die Abläufe der Arbeitsplanphasen als die Schüler selbst und können gezielter eingreifen. Dabei sollten Sie aber sehr genau und differenziert beobachten, wo Schwierigkeiten auftauchen und wie hoch das Leistungsvermögen der einzelnen Schüler ist.

Die Schülerbeobachtungen des Coachs sollten zudem im unmittelbaren Austausch mit der Lehrkraft stattfinden. Denn auch ein Coach braucht einen Coach.

Schüler-Coachs gezielt auswählen und einsetzen

Schüler, die Schüler coachen, müssen gezielt ausgesucht werden. Nicht jeder Schüler, der ein optimales Arbeitsverhalten zeigt, kann die Funktion eines Coachs übernehmen. Suchen Sie die „Zugpferde" in Ihrer Klasse – Schüler, die sowohl schulisch als auch charakterlich wirklich „fest im Sattel sitzen".

Achtung!

Schüler-Coachs sollten nicht nur aufgrund ihres guten Arbeitsverhaltens ausgewählt, sondern auch ihrem Leistungsvermögen entsprechend gezielt eingesetzt werden. Es macht keinen Sinn, einen Schüler mit tadellosem Arbeitsverhalten und weniger anspruchsvollen Aufgaben als Coach für einen Schüler mit unorganisiertem Arbeitsverhalten, aber hohem Leistungsniveau einzusetzen!

COACHING REGELMÄSSIG REFLEKTIEREN

› Tipp 82
Regelmäßig Ziele überprüfen

83

Die Reflexion ist eines der wichtigsten Elemente beim Coachen (Tipp 82). Nur wenn regelmäßig am Ende einer Wochen- bzw. Arbeitsplaneinheit reflektiert wird, können Stärken und Schwächen bestimmt und Ziele für die nächste Woche gesetzt werden.

Die Reflexion sollte zwischen dem Schüler-Coach, dem gecoachten Schüler und der Lehrkraft stattfinden. An dieser Stelle ist es wichtig, dass alle Seiten sagen, was in der vergangenen Woche aus ihrer Sicht gut und schlecht verlief. Der Coach sollte auch das Recht haben, das Verhalten seines „Schützlings" zu beanstanden, indem er z. B. reflektiert, dass zu viele Fragen zu den einzelnen Aufgaben gestellt wurden, was auf das ungenaue Lesen der Aufgaben zurückgeführt werden kann – oder Ähnliches.

Die folgenden Fragen können bei der Durchführung der Reflexion hilfreich sein:
- Wie hat die Zusammenarbeit geklappt?
- Was war positiv aus der Sicht des Coachs und aus der des Schülers?
- Wo gab es noch Probleme aus der Sicht des Coachs und der des Schülers? Wie haben sie die Probleme gelöst?
- Haben sie ihr Ziel erreicht?
- Wie geht es in der nächsten Woche weiter?

Schüler-Coach unterstützen

Der Lehrer sollte dem Schüler-Coach klarmachen, dass er ihn bei seiner Aufgabe unterstützt. Genauso sollte dem gecoachten Schüler vor Augen geführt werden, wie viel Mühe und Einsatz diese Maßnahme verlangt.

Manche Schüler setzen sich selbst unter Druck, wenn sie merken, dass sich ihr gecoachter Schüler nicht an Absprachen hält. In diesem Fall sind regelmäßige Gespräche zur Unterstützung besonders wichtig.

Coaching nur kurzzeitig einsetzen

Coaching sollte nicht dauernd, sondern als kurzfristige Maßnahme eingesetzt werden. Bei längeren Phasen kann das Coachen den Schüler-Coach strapazieren und sein eigenes Lernen beeinträchtigen. Die gecoachten Schüler sollten das Ziel haben, sich unter Anleitung des Mitschülers Lern- und Arbeitstechniken anzueignen, die sie dann später selbstständig anwenden können, um schließlich den Coach überflüssig zu machen.

Gleich mal ausprobieren

Motivieren Sie Ihre Schüler-Coachs für ihre Funktion, indem Sie diese Tätigkeit beispielsweise durch eine besondere Bemerkung im Zeugnis oder als weitere Wahlaufgabe im Arbeitsplan honorieren.

84 SCHÜLER AKTIVIEREN

Die mündliche Beteiligung der Schüler im Fachunterricht zählt heutzutage immer mehr. Je nach Schulform und Unterrichtsfach wird schulintern besprochen, in welcher prozentualen Höhe die mündliche Aktivität in die Gesamtnote einfließen soll.

So leistungsheterogen die Schüler einer Klasse sind, so unterschiedlich ist auch ihre mündliche Aktivität. Das wiederum bedeutet aber auch, dass sie sich gegenseitig in ihrer Aussprache und ihrem Sprachvermögen unterstützen und ergänzen können.

Um die Ecke gedacht

Oftmals denken beurteilende Lehrkräfte, dass Schüler, die sich nicht melden, auch keine Antworten auf die gestellten Fragen haben. Dies trifft jedoch häufig nicht zu. Vielmehr sollte jeder einzelne Schüler in seiner Persönlichkeitsstruktur analysiert werden, um der Tatsache auf den Grund zu gehen, warum er sich nicht meldet. Natürlich ist es möglich, dass der Schüler keine Antwort weiß. Genauso gut kann es aber auch sein, dass er sich nicht traut, zu antworten, oder keine Rückmeldung geben will.

Passive Schüler, die ihr Wissen verborgen halten, in der Regel aber auf die Fragen der Lehrkraft eine Antwort hätten, müssen zunächst von der Lehrkraft „entdeckt" werden!

Stille Experten entdecken

Gleich mal ausprobieren

Der Lehrer benennt die Schüler, die sich im Unterricht zu wenig melden. In der Klasse werden ein oder mehrere (je nach Variante, siehe Tipp 85) Glasbehälter aufgestellt. Die betroffenen Schüler erhalten Muggelsteine. Die Anzahl der Steine sollte sich individuell sowohl auf die Lern- und Leistungsbereitschaft als auch auf das Leistungsniveau des jeweiligen Schülers beziehen. Je nach Leistungsfähigkeit des Schülers wird eine vorgegebene Anzahl von Steinen an ihn ausgeteilt bzw. die Anzahl wird vom ihm selbst eingeschätzt und festgelegt.

❯ Tipp 85

Nun versuchen die Schüler, ihre Steine loszuwerden. Dies funktioniert nur durch aktive Meldungen während des Unterrichts. Jedes Mal, wenn einer dieser Schüler sich gemeldet und mündlich etwas beigetragen hat (egal, ob richtig oder falsch, aber ernsthaft und zum Thema passend), darf er einen Muggelstein in den Glasbehälter legen. Wenn das Gefäß voll ist, gibt es eine Belohnung.

Der Behälter sollte aus Glas sein, damit die Schüler ihren Berg an Muggelsteinen wachsen sehen und so ihren Erfolg beobachten können.

Achtung!

Wenden Sie das Prinzip der Schüleraktivierung mithilfe von Muggelsteinen nur an, wenn es von den Schülern positiv aufgenommen wird.

Dieses Verfahren eignet sich sehr gut zur qualitativen Verbesserung des Ausdrucks der Schüler, wenn am Ende solcher Phasen über einzelne Äußerungen gesprochen wird (entweder mit der ganzen Klasse – noch besser in kleinen Gruppen). So können die Schüler sich gegenseitig helfen, ihr Ausdrucksvermögen zu verbessern.

85 Varianten der Aktivierung

> Tipp 84

Folgendermaßen kann das System zur Schüleraktivierung im Unterricht mithilfe der „Muggelsteine" (Tipp 84) variiert werden:

Gruppenaktivierung

Variante 1: Gruppenaktivierung
Nutzen Sie diese Motivation zunächst, um die ganze Klasse zu aktivieren, und stellen Sie Muggelgläser pro Tischgruppe (beispielsweise vier Schüler pro Gruppe) auf. Um dem Prinzip der Chancengleichheit gerecht zu werden, sollten möglichst leistungsheterogene Gruppen gebildet werden. Die Schüler erhalten pro Tischgruppe eine bestimmte Anzahl an Muggelsteinen. Diejenige Tischgruppe, die zuerst ihre Steine loswird, ist Sieger der Stunde.

Klassenaktivierung

Variante 2: Klassenaktivierung
Jeder Schüler bekommt zu Beginn der Unterrichtsstunde – abhängig von seinem individuellen Leistungsniveau in dem entsprechenden Unterrichtsfach – eine bestimmte Anzahl von Steinen. Diese werden entweder in der Federmappe oder auf dem Tisch deponiert. Bei jeder richtig beantworteten Frage darf der Schüler nach vorn gehen und seinen Muggelstein in das Klassenmuggelglas werfen. Zusätzlich zur mündlichen Aktivierung der Schüler nimmt so auch die Bewegung im Klassenzimmer zu. Je nach Störanfälligkeit des Unterrichts und der Schüler ist diese Variante zu empfehlen.

Individuelle Aktivierung

Variante 3: Individuelle Aktivierung
Wurde die Variante 1 zur Motivation und Einführung in dieses Unterstützungssystem bereits erprobt, bekommen nun nur bestimmte Schüler Muggelgläser und Steine. Die Anzahl der Muggelsteine sollten die Schüler nach eigener

> Tipp 21

Einschätzung (Tipp 21) möglichst selbst bestimmen.
Das Ziel zum Ende der Unterrichtsstunde (oder am Ende des Schultages) sollte auf jeden Fall sein, alle Steine ins Glas gemuggelt zu haben.

Achtung!
> Je nach Leistungsstärke des Schülers sollte der Lehrer im mündlichen Unterricht das „Drannehmen" der Schüler mit Bedacht vornehmen. So sollten vor allem Schüler mit geringem Leistungsvermögen bei leichten Fragen drangenommen werden und starke Lerner bei schweren.

Schülerpatenschaften einrichten

86

Nach den Sommerferien und mit jedem Beginn eines neuen Schuljahres ergeben sich bei dem Besuch weiterführender Schulen für viele Schüler ganz neue Situationen. Ein Schulwechsel bedeutet nämlich für sie auch das Verlassen der bekannten Umgebung und die Aufhebung alter Gewohnheiten. So treten Fragen auf wie:
- Wo kann ich eine Schulbescheinigung erhalten?
- Wo ist das Sekretariat?
- Darf ich dort einfach eintreten oder muss ich vorher anklopfen?
- Wie heißt der Hausmeister und wo finde ich ihn?

Wenn dann eventuell noch der Wechsel auf eine Ganztagesschule erfolgt, verändert sich damit auch der gewohnte Tagesablauf bis hin zum gemeinsamen Essen in der Mensa. Wie schön, wenn man dann „eine große Schwester" oder „einen großen Bruder" hat!

Um die Ecke gedacht
> Die Schüler aus dem 9. Jahrgang beteiligen sich freiwillig an diesen Patenschaften. Sie haben im Regelfall selbst schon die Erfahrung gemacht, dass Patenschaften mit älteren Schülern sehr hilfreich und nützlich sind. Deshalb ist die Anzahl der sich beteiligenden Schüler groß. Ein Arbeitsschwerpunkt in Jahrgang 9 lautet: „Teamarbeit – lieber gemeinsam als einsam", und auf dieser Grundlage

> haben die Schüler die Möglichkeit, ihre neu erworbenen Kenntnisse differenziert mit jüngeren Schülern auszuprobieren.
> Die positiven Rückmeldungen der beteiligten und der neuen Schüler verdeutlichen den Stellenwert der Patenschaften – und wie ließe sich besser altes Wissen wiederbeleben und neues entwickeln?

Gleich mal ausprobieren

Sie wollen Schülerpatenschaften an Ihrer Schule initiieren? Überlegen Sie zunächst mit einer Lerngruppe älterer Schüler, wie man gemeinsam solche Patenschaften aufbauen kann. Entwickeln Sie Kriterien für die Zusammenarbeit und stellen Sie den jeweiligen Nutzen für alle Beteiligten deutlich in den Vordergrund. Probieren Sie als Differenzierungsmöglichkeit den Einsatz von Arbeitsplänen aus.

87
SCHÜLER UNTERRICHTEN SCHÜLER

❯ Tipp 86

Patenschaften (Tipp 86), Lernpatenschaften und die Teilnahme an der begleitenden Maßnahme „Pädagogik AG" sind die Voraussetzungen für „Schüler unterrichten Schüler". Schüler des 10. Jahrgangs nehmen nach Absprache mit dem Klassen- oder Fachlehrer am Unterricht der 7. Klassen teil und zwar durchaus mit einer partizipiellen Verantwortung für bestimmte Unterrichtsthemen oder -abschnitte. Dabei kann es sich um folgende Tätigkeiten handeln:

Partizipielle Verantwortung übernehmen

❯ Tipp 22

- ein Methodentraining für einzelne Schüler oder eine kleine Gruppe durchführen (Arbeiten an Stationen, Umgang mit Nachschlagewerken usw.) (Tipp 22),
- die Vermittlung von Übungstechniken und deren Einsatz (Schaubilder auswerten, Vokabeln lernen usw.),
- wiederholende Übungen zur Vorbereitung auf eine Klassenarbeit (Mindmapping zur Inhaltsangabe, Merkzettel zum Umgang mit dem Taschenrechner usw.).

Die Schüler des 10. Jahrgangs können auch die Aufgabe von Fachbereichshelfern übernehmen, die „ihr Fach" auf dem Übungsparcours in Absprache mit den Fachlehrern betreuen und die Verantwortung für die Unversehrtheit der Materialien und Medien tragen. Häufig haben Schüler so viel Spaß an diesen verantworteten Aufgaben, dass sie eigene Materialien und Arbeitsblätter zum differenzierten Üben für die Siebtklässler entwickeln.

Außerdem übernehmen die älteren Schüler auch die Beratung und Unterstützung von jüngeren Schülern bei der Planung und Durchführung von Projekten (Tipp 89) und bei der regelmäßig einmal im Schuljahr stattfindenden Veranstaltung „Schüler informieren Schüler". Hier handelt es sich um ein Kurzprojekt, in dessen Rahmen an einem Schultag jeder Schüler, der Lust dazu hat, sein Hobby oder sein liebstes Fach vorstellen kann. Dies bedarf der intensiven Vorbereitung, denn insbesondere jüngere Schüler haben wenig Erfahrung mit dem Präsentieren. Da nicht jeder etwas vorstellen möchte, bieten sich hier vielfältige Möglichkeiten für gemeinsame Übungen zur differenzierten Vorbereitung der Präsentationen.

Unterstützung bei Projekten

❱ Tipp 89

Schüler geben Nachhilfe

88

Der Nachhilfemarkt boomt. Unzählige Institute versprechen den Schülern und Eltern „garantiert bessere Noten und Abschlüsse". Warum nutzen wir aber nicht viel mehr die Gegebenheiten, die sich in der Schule und Lerngruppe selbst an Unterstützungsmöglichkeiten für schwache Lerner bieten? Können nicht ältere Schüler genauso gut jüngeren helfen, wenn diese Lernprobleme haben, einmal längere Zeit krank oder an einem Thema besonders interessiert sind?

Ein Nachhilfestudio in der eigenen Schule ist ein Gewinn für alle Beteiligten. Die älteren Schüler wiederholen und festigen das einmal Gelernte und die jüngeren profitieren

Beide Seiten profitieren

Innerschulisches Nachhilfestudio

❯ Tipp 15

davon. Im Sinne einer Firma muss es zum Betreiben eines solchen innerschulischen Nachhilfestudios eine Gruppe geben, die die Einsatzmöglichkeiten plant und koordiniert. Es müssen zudem Absprachen über die Lernvoraussetzungen der Schüler mit den Fachlehrern stattfinden (Tipp 15), damit zielgerichtet gearbeitet werden kann. Auch die methodischen Vorgehensweisen sollten abgestimmt werden, sodass auch diesbezüglich Elemente wiederholt und differenziert umgesetzt werden können.

Gleich mal ausprobieren

Machen Sie Ihren Schülern im Fach Wirtschaft (bzw. Politik) den Vorschlag, eine Nachhilfefirma zu gründen. Zentrale Inhalte des Fachunterrichts können von den Schülern auf diese Weise praktisch erfahren und handlungsorientiert gelernt werden.

89 PROJEKTE REALISIEREN

Bei der Projektarbeit sollen das Leben, Lernen und Arbeiten so verknüpft werden, dass ein wichtiges und den Interessen der Beteiligten entgegenkommendes Problem gemeinsam bearbeitet (Prozess) und zu einem Ergebnis (Produkt) geführt wird. Hierbei sollen die Schüler lernen, Arbeits- und Lernprozesse zeitlich wie inhaltlich zunehmend selbstständig zu organisieren und strukturieren.

Gegenstand des Projektunterrichts können sowohl fachspezifische als auch fächerübergreifende oder schulprofilbildende Inhalte sein.

Differenzierungsmöglichkeiten

❯ Tipp 64

Die Differenzierungsmöglichkeiten beim Projekt sind sehr vielfältig und unterscheiden sich von Phase zu Phase:
Während der Initiativphase kann jeder Schüler seine persönlichen Neigungen und Interessen einbringen.
Die selbstständige Informationsbeschaffung (z. B. Tipp 64) fordert die methodischen und sozialen Kompetenzen so-

wohl was die Arbeit innerhalb der Gruppen als auch was den Umgang mit Experten, Bibliothekaren usw. angeht.

In der Phase der konkreten Arbeitsplanung sind methodische und inhaltliche Schwerpunktsetzungen gefordert, deren Realisierung sich in der Produktionsphase bewähren muss („learning by doing").

Handlungskompetenz, verstanden als die Fähigkeit, den eigenen Arbeitsprozess sukzessive zu begleiten, zu kontrollieren und gegebenenfalls zu revidieren, wird durch diese Vorgehensweise sowohl während der Produktions- als auch der Verifikationsphase unmittelbar gefördert.

Die Stärkung der Selbst- und Entscheidungskompetenz wird schließlich durch das Abwägen der Fragen, was und wie präsentiert werden soll, gestärkt.

SOS-Tipp

> Es ist zu empfehlen, die Schüler über das Vorhaben (Tipp 90) schrittweise an die „echte" Projektarbeit heranzuführen. Während die Schüler bei der Projektarbeit ihr Lernen durch das Bestimmen der Inhalte und Methoden, die Wahl der Sozialform, den Einsatz von Materialien und Medien usw. weitestgehend selbst initiieren und organisieren, hat das Vorhaben nämlich nicht so viele selbstständig zu erarbeitenden Phasen (der Lehrer bestimmt ein fachspezifisches Thema, bietet Methoden an, stellt Materialien usw.).

❯ Tipp 90

VORHABEN ERARBEITEN

90

Ein Vorhaben hat im Vergleich zum Projekt (Tipp 89) nicht so viele selbstständig zu erarbeitende Phasen. Vorhaben sind aber eine gute Möglichkeit, die Schüler langsam über projektorientierten Unterricht zu Projekten hinzuführen. Bei einem Vorhaben wird im Regelfall ein fachspezifisches Thema behandelt, das aber fächerübergreifende Aspekte

❯ Tipp 89

aufweist. Dadurch kann eine Zusammenarbeit mit anderen Fachbereichen und den entsprechenden Kollegen entstehen. Der oder die Lehrer legen die fachspezifischen und die fachübergreifenden Inhalte fest, machen entsprechende differenzierte Angebote für die Schüler zur Bearbeitung und wählen die didaktisch angemessenen Methoden aus. Auch die Gruppenbildung innerhalb der Klasse findet nach Kriterien statt, die der Lehrer bestimmt.

Differenziertes Aufgabenangebot

Die Schüler haben die Möglichkeit, sich aus einer Reihe von Angeboten diejenigen herauszusuchen, die ihnen besonders gut gefallen oder ihren Neigungen am ehesten entsprechen. Bei der Erstellung der Angebote sollte darauf geachtet werden, dass möglichst viele unterschiedliche Lerntypen

❱ Tipp 16

innerhalb der Klasse angesprochen werden (Tipp 16) und dass die Aufgaben hohen Aufforderungscharakter haben sowie den handelnden Umgang mit den Lerngegenständen ermöglichen.

Um die Ecke gedacht

Die Differenzierung findet beim Vorhaben im Regelfall nach Methoden und Inhalten statt: Der Lehrer überlegt, welche methodischen Vorgehensweisen sich für den entsprechenden Lerngegenstand anbieten und welche Methoden die Schüler unbedingt erlernen sollen. Falls die Schule ein internes methodisches Curriculum hat, ist dies als Orientierungshilfe für die methodische Planung natürlich sehr hilfreich. Durch unterschiedliche Methodenvorgaben können so arbeitsfähige Schülergruppen entstehen.

Gleich mal ausprobieren

Sobald die Arbeitsform eingeübt ist, wird empfohlen, andere Fachkollegen innerhalb eines Jahrgangs an Vorhaben zu beteiligen. Gerade fachübergreifende Aspekte bieten einen zusätzlichen Anreiz für die Schüler.

Schüler forschen lassen

91

Forschungsaufträge bieten Schülern die Gelegenheit, ihre Kompetenzen über die geplanten Lerninhalte hinaus weiterzuentwickeln. Solche Aufgaben eignen sich vor allem dazu, Schüler, die aufgrund ihres hohen Leistungsniveaus in der Lage sind, in einem Unterrichtsfach über das vorgeschriebene Arbeitspensum hinaus noch anspruchsvollere Aufgaben lösen zu können bzw. dies wollen, zu fördern und zu fordern.

Leistungsstarke Schüler fördern

Die Bandbreite der Unterrichtsfächer sowie der einzelnen Themen in den unterschiedlichen Fächern eröffnet differenzierte Möglichkeiten (Tipp 60), jedem Schüler gemäß seinen individuellen Neigungen und seiner Leistungsfähigkeit Themenangebote zu machen, in denen er weiterdenken und sich „austoben" mag. Forscheraufgaben sollen die Freude der Schüler am Fachunterricht bewahren und erhöhen sowie durch das „Um-die-Ecke-Denken" die üblichen Unterrichtsinhalte vertiefen. Gleichzeitig wird die Sozialkompetenz gestärkt, indem Schüler an den Aufgaben wachsen und sich in Bezug auf Selbstbewusstsein und Geduld weiterentwickeln können.

Stärkung der Sozialkompetenz

❱ Tipp 60

Achtung!

Bei heterogen zusammengesetzten Gruppen können die Schüler sich gegenseitig in der Gruppe helfen und voneinander profitieren (Tipp 80, 81).

❱ Tipp 80, 81

Gleich mal ausprobieren

Im Englischunterricht kann beispielsweise im Rahmen des Themas „Grammatische Regeln selbst herleiten" folgender Forscherauftrag erteilt werden: Bei Anwendung der einfachen Form der Gegenwart (simple present) sollen sich die Schüler bestimmte Aussagesätze in einem Dialog gezielt anschauen und versuchen, die Regel, die sich hinter den Satzstrukturen verbirgt, selbst herzuleiten („He, she, it, das ‚s' muss mit").

SCHÜLER ENTWICKELN LERNKOMPETENZ

Mindmaps gestalten

92

Die Methode des Mindmappings wurde von Tony Buzan entwickelt, der eine Möglichkeit suchte, seine Gedanken geordnet zu Papier zu bringen. Seine Idee bestand darin, das schriftliche Festhalten der Gedanken auf die Prozesse im Gehirn abzustimmen. Mindmapping ist eine Visualisierungs-, Strukturierungs- und Merktechnik mit fast unbegrenzten Möglichkeiten, die die Leistungsfähigkeit beider Gehirnhälften optimal nutzt.

Vorgehensweise In die Mitte eines querliegenden unlinierten DIN-A4-Blattes wird ein Schlüsselwort, ein Begriff, ein Thema, ein Gegenstand oder ein Problem (kurzer Satz) geschrieben und eingekreist oder eingerahmt. Nun werden Assoziationen dazu vom Mittelpunkt aus auf nach außen gezogenen Linien notiert. Jeder dieser Äste enthält nur einen Aspekt oder ein Symbol. Die Reihenfolge spielt dabei keine Rolle. Farben und Bilder können das Aufgeschriebene verdeutlichen.

Individuelle Gedankenlandkarte Die so um das zentrale Thema angeordneten Äste bilden die Grundlage für den zweiten Schritt: Es wird versucht, durch Oberbegriffe eine logische Struktur zu finden. Diese Begriffe werden auf vier bis acht Hauptäste geschrieben, die dann um weitere Nebenäste mit Unterbegriffen ergänzt und erweitert werden können. So entsteht eine Gedankenlandkarte, die die individuellen Gedankengänge und ihre Beziehungen untereinander bildnerisch widerspiegelt.

Um die Ecke gedacht

Jeder Einzelne hat bei der Gestaltung von Mindmaps unterschiedliche Vorlieben und Gewohnheiten – entsprechend gibt es keine allein richtigen Musterlösungen, aber durchaus unterschiedliche Qualitätsstufen von Mindmaps, was die Genauigkeit und Komplexität der visualisierten Gedanken angeht. Auch in Bezug auf die Form der Darstellung gibt es unterschiedliche Vorlieben: Es können Mindmaps mit einer Baumstruktur, Heugabelstruktur, Fischgrätstruktur oder Blasenstruktur entstehen. Durch

> die Wahl der Symbole und Farben ergeben sich Darstellungen, die unterschiedliche Eingangskanäle des Gehirns ansprechen und damit das Einprägen von Informationen deutlich verbessern.

Gleich mal ausprobieren
Beginnen Sie die nächste Unterrichtseinheit mit dem Erstellen einer Mindmap nach dem beschriebenen Verfahren.

CLUSTER BILDEN

93

> Tipp 92

Dieses Verfahren zur Darstellung und Verknüpfung von Inhalten ist dem Mindmapping (Tipp 92) ähnlich, es müssen aber weniger Regeln beachtet werden. Die Abgrenzung zu den Mindmaps besteht in einem höheren Grad an Flexibilität in der Darstellung und in der Bündelung. Es fehlen auch die Haupt- und Nebenäste, dafür werden Zusammenhänge durch zahlreiche Symbole und Pfeile verdeutlicht.

Die Clusterbildung ist – ebenso wie das Mindmapping – eine Technik zur übersichtlichen Ordnung und Strukturierung von Informationen und als solche eine effektive Möglichkeit zur Übung der Informationsverarbeitung. Mehr noch als das Mindmapping aber ermöglicht die Clusterbildung den kontrollierten Zugriff auf die „subjektiven Theorien" der Schüler, also auf das, was jeder Einzelne ganz konkret an Vorwissen und Voreinstellungen zu einem bestimmten Thema oder Themenbereich mitbringt. Es gibt kaum eine andere Methode, die ähnlich gut geeignet ist, um die Schüler „dort abzuholen, wo sie stehen".

Idealer Zugriff auf das Vorwissen des einzelnen Schülers

Achtung!
Von den Schülern in Eigenarbeit erstellte individuelle Cluster müssen interpretierend präsentiert werden, da sich das Bild nicht von allein erklärt.

Gleich mal ausprobieren

Stellen Sie den Schülern statt des üblichen Tests am Ende einer Unterrichtseinheit folgende Aufgabe: Sie sollen sowohl ihre eigene Einstellung als auch die erworbenen Kenntnisse und Zusammenhänge durch die Kreation eines individuellen Clusters übend wiederholen und objektivieren.

Um die Ecke gedacht

Die Methode des Clusterbildens unterbricht die heute feststellbare einseitige Ausrichtung auf die rein sprachlich vermittelte, kognitive Aneignung der Unterrichtsinhalte. Viele Lehrer sind viel zu sehr von der Wirksamkeit und Effektivität des gelenkten Unterrichtsgesprächs überzeugt. Schüler, die ihr eigenes Vorwissen, ihre eigenen Erfahrungen, Urteile und Vorurteile in den Unterricht einbringen können, sind jedoch nicht nur engagierter und lernbereiter, sondern prägen sich die Unterrichtsinhalte auch effektiver ein.

LERNLANDKARTEN ENTWICKELN

94

Eine Lernlandkarte breitet in optisch ansprechender und übersichtlicher Form für alle Schüler verschiedene Arbeitsangebote zu einem Thema aus. Die Arbeitsangebote variieren sowohl in quantitativer (Anzahl der Angebote) als auch in qualitativer Hinsicht (Abstufung des Schwierigkeitsgrades). Die optische Präsentation und klare Struktur erlauben eine rasche und problemlose Orientierung. Lernlandkarten sind daher wichtige Entscheidungshilfen für die Schüler, um das für sie jeweils interessante Sachgebiet und die ihren Neigungen und Fähigkeiten entsprechende Schwerpunktsetzung und Methode herauszufinden. Zudem können Hinweise zur Strukturierung und zur Sachlogik grafisch so gestaltet werden, dass die Lernlandkarte schon zum Verständnis des Themas beiträgt.

Gleich mal ausprobieren

Zwölf Schritte zur Entwicklung einer Lernlandkarte:

1. Thema festlegen
2. Brainstorming (allein, im Team, mit den Schülern)
3. Mindmap erstellen (Tipp 92) ❯ Tipp 92
4. Abgleich mit dem Schulcurriculum (Bildungsstandards, Kerncurricula)
5. Lernvoraussetzungen der Schüler berücksichtigen (pädagogische Diagnostik)
6. inhaltliche Schwerpunkte setzen (Clustern, Tipp 93) ❯ Tipp 93
7. Materialien und Medien sichten (Einsatzmöglichkeiten)
8. Methoden und Arbeitstechniken klären
9. grafische Gestaltung und angemessene sprachliche Formulierung der Aufgaben und Arbeitsaufträge überlegen
10. Lernarrangements planen
11. organisatorische Modalitäten verabreden
12. zeitlichen Rahmen festlegen

Die Lernlandkarte muss vom Lehrer in überlegten Detailschritten aufgebaut und regelrecht komponiert werden. In höheren Klassen kann die Vorstrukturierung der Karte allerdings auch gemeinsam mit den Schülern erfolgen, wenn diese in Teilbereichen über Sachkompetenz verfügen und den fachlichen Überblick haben.

Durch das individuelle Arbeiten mit der Lernlandkarte werden bei den Schülern spezifische Fähigkeiten gefördert und ausgebaut. Weil jeder Schüler zu einer Entscheidung über die Zuordnung von Inhalten und Methoden gelangen muss und damit selbstverantwortlich für den eigenen Lernprozess ist, wird auch die Methodenkompetenz weiterentwickelt. Durch zusätzliche visuelle und auditive Materialien und Medien können unterschiedliche Lerntypen berücksichtigt und es kann in erheblichem Umfang das individuelle Fachwissen erweitert und damit die Fachkompetenz gefördert werden.

Förderung der Methodenkompetenz

Lernlandkarte

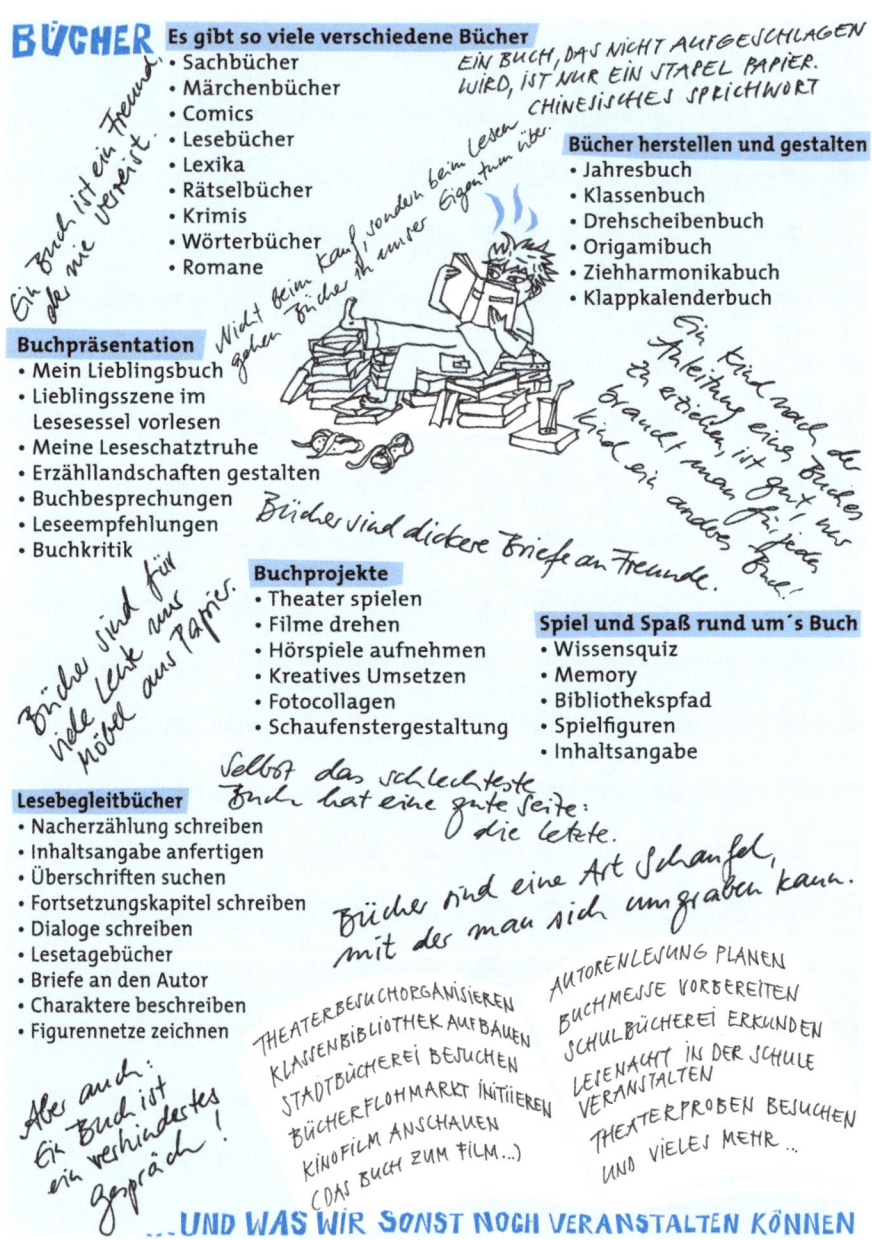

BÜCHER

Es gibt so viele verschiedene Bücher
- Sachbücher
- Märchenbücher
- Comics
- Lesebücher
- Lexika
- Rätselbücher
- Krimis
- Wörterbücher
- Romane

Bücher herstellen und gestalten
- Jahresbuch
- Klassenbuch
- Drehscheibenbuch
- Origamibuch
- Ziehharmonikabuch
- Klappkalenderbuch

Buchpräsentation
- Mein Lieblingsbuch
- Lieblingsszene im Lesesessel vorlesen
- Meine Leseschatztruhe
- Erzähllandschaften gestalten
- Buchbesprechungen
- Leseempfehlungen
- Buchkritik

Buchprojekte
- Theater spielen
- Filme drehen
- Hörspiele aufnehmen
- Kreatives Umsetzen
- Fotocollagen
- Schaufenstergestaltung

Spiel und Spaß rund um's Buch
- Wissensquiz
- Memory
- Bibliothekspfad
- Spielfiguren
- Inhaltsangabe

Lesebegleitbücher
- Nacherzählung schreiben
- Inhaltsangabe anfertigen
- Überschriften suchen
- Fortsetzungskapitel schreiben
- Dialoge schreiben
- Lesetagebücher
- Briefe an den Autor
- Charaktere beschreiben
- Figurennetze zeichnen

Handschriftliche Notizen:

Ein Buch ist ein Freund, der nie verreist.

Nicht beim Kauf, sondern beim Lesen gehen Bücher in unser Eigentum über.

EIN BUCH, DAS NICHT AUFGESCHLAGEN WIRD, IST NUR EIN STAPEL PAPIER.
CHINESISCHES SPRICHWORT

Ein Kind nach der Anleitung eines Buches zu erziehen, ist gut, nur braucht man für jedes Kind ein anderes Buch!

Bücher sind dickere Briefe an Freunde.

Bücher sind für viele Leute aus Papier.

Selbst das schlechteste Buch hat eine gute Seite: die letzte.

Bücher sind eine Art Schaufel, mit der man sich umgraben kann.

Aber auch: Ein Buch ist ein verhindertes Gespräch!

THEATERBESUCH ORGANISIEREN
KLASSENBIBLIOTHEK AUFBAUEN
STADTBÜCHEREI BESUCHEN
BÜCHERFLOHMARKT INITIIEREN
KINOFILM ANSCHAUEN
(DAS BUCH ZUM FILM...)
AUTORENLESUNG PLANEN
BUCHMESSE VORBEREITEN
SCHULBÜCHEREI ERKUNDEN
LESENACHT IN DER SCHULE VERANSTALTEN
THEATERPROBEN BESUCHEN
UND VIELES MEHR...

...UND WAS WIR SONST NOCH VERANSTALTEN KÖNNEN

Achtung!

Die Methode Lernlandkarte ist nur dort einsetzbar, wo das Thema mehrere gleichrangige Aspekte aufweist, die deutlich voneinander unterschieden und parallel bearbeitet werden können. Falls es einige Details gibt, deren Kenntnis Voraussetzung für die Bearbeitung aller anderen Aspekte ist, kann man auf der Landkarte einen Pflichtbereich abgrenzen, den alle bearbeiten müssen.
Nicht geeignet sind Lernlandkarten für all jene Themen, bei denen streng aufeinanderfolgende Lernschritte notwendig sind und das Fehlen eines Bausteins das Ganze zum Einsturz bringen würde. In einem solchen Fall wäre ein Themenplan zu empfehlen (Tipp 25).

❯ Tipp 25

INTERVIEWS FÜHREN

95

Das didaktische Prinzip des Instruments Interview ist denkbar einfach. Schüler sollen in der individuellen Interviewsituation mit einem Interviewpartner eine Reihe von Fach- und Sozialkompetenzen erwerben.
Jeder Schüler kann entsprechend seinem Sprachverhalten und -verständnis Interviewfragen entwickeln und stellen. Dadurch entsteht eine Differenzierung nach individuellen sprachlichen Voraussetzungen. Das Ziel ist für alle Schüler grundsätzlich gleich, der Schwerpunkt liegt auf den jeweiligen individuellen inhaltlichen Interessen und Vorlieben.

Differenzierung nach sprachlichen Voraussetzungen

Um die Ecke gedacht

Mit dem Interview wird nicht nur die Methodenkompetenz des Befragens, sondern insbesondere auch die Selbstkompetenz gefördert (Tipp 1) – denn wie die Schüler bei ihrem Interviewpartner ankommen, das erleben sie besonders dann unmittelbar, wenn es um den konfrontativen Aspekt des Interviews geht.

❯ Tipp 1

SCHÜLER ENTWICKELN LERNKOMPETENZ

Das Interview als Medium für Handlungslernen

Das Interviewen bezieht sich ausschließlich auf die sprachliche Ebene, die Sprache ist hier aber nur Medium für Schüleraktivitäten und Handlungslernen. Das Interview ermöglicht es den Schülern, primäre Erfahrungen zu machen und selbst aktiv den eigenen Erkenntnisprozess zu steuern. Weiter lernen die Schüler die Bedeutung des eigenen Vorwissens für die Aneignung neuer Kenntnisse zu schätzen. Ein Interview kann nur führen, wer zur Thematik, um die es darin geht, ein gewisses Vorverständnis und eine eigene Meinung hat.

Schließlich können die Schüler lernen, wie mündlich erhobene Daten schriftlich aufbereitet, gesichert und im größeren Kreis diskutiert werden. Sie erkennen auf diese Weise, dass Interviews eine Art objektive Qualität haben können, erfahren aber auch, dass durch gezielte Auswahl von Zitaten, durch Auslassungen und durch entsprechende Fragen Aussagen manipuliert und sogar in das Gegenteil des eigentlich Gemeinten umgedreht werden können.

SOS-Tipp

Bei ungeübten Schülern der unteren Jahrgänge kann es vorkommen, dass die geführten Interviews wenig informativen Wert haben, das Verhältnis von Aufwand und Ergebnis also nicht stimmt. Lassen Sie sich dadurch nicht entmutigen, sondern planen Sie beim nächsten Mal eine Vorbereitungsphase ein, in der Fragestrategien geübt und Probedurchgänge durchgeführt werden.

EXKURSIONEN DURCHFÜHREN

96

Exkursionen sind Veranstaltungen einer Schule, die nach pädagogischen Gesichtspunkten vorbereitet, gestaltet und ausgewertet werden müssen. Sie ermöglichen ein ganzheitliches und handlungsorientiertes Lernen und können als Einstieg in ein neues Thema bzw. ein neues Fachgebiet oder zur Vertiefung und Überprüfung der in Lehrgängen, in Projekten (Tipp 89) und in der Freiarbeit (Tipp 23) angeeigneten Kenntnisse und Kompetenzen genutzt werden.

> Tipp 89, 23

Jeder Schüler einer Lerngruppe entscheidet sich entsprechend seinen individuellen Neigungen und Interessen für einen Themenschwerpunkt, den er während der Exkursion bearbeiten möchte. Schon in die Vorbereitung werden die Schüler intensiv eingebunden, damit die jeweiligen „Vorlieben" berücksichtigt werden können. Denn je mehr Vorwissen der Schüler bezüglich seines Themas hat, desto mehr Möglichkeiten bieten sich ihm bei der Durchführung der Exkursion, zielgerichtet seinen Interessen nachzugehen. Erfahrungsgemäß ist ein Themenkatalog sehr hilfreich, in den jeder Schüler sein Thema und seinen Arbeitsschwerpunkt einträgt. So wissen die Schüler untereinander, wer gerade woran arbeitet, und der Lehrer hat die Möglichkeit, einzelne Schüler konkret und intensiv zu betreuen.

Individuelle Themenschwerpunkte

Auf methodischer Ebene sollten die Fähigkeiten der Einzelnen berücksichtigt und sinnvoll im Vorfeld zu entsprechenden Aufgabenstellungen eingesetzt werden.

Besonders wichtig ist die Präsentation der Arbeitsergebnisse nach Durchführung der Exkursion. Hier werden die unterschiedlichen Themen noch einmal zusammengeführt, und jeder Schüler kann entsprechend seinen methodischen Fähigkeiten die erkundeten Ergebnisse vortragen.

Achtung!

> Das Instrument Exkursion ermöglicht „Lernen auf Rädern". Es macht nur dann Sinn, wenn es in einen Lehrgang oder ein Projekt eingebunden wird.

Exkursionen versuchen, in der Schule und vor Ort den Handlungsbezug des Lernens herzustellen, die traditionelle Verkopfung des von der Umwelt abgeschotteten Unterrichts aufzuheben und die Schüler zu Lernprozessen, die selbst geplant und durchgeführt werden, zu befähigen. Zudem bringen sie Abwechslung in den Schulalltag.

Selbst geplante und durchgeführte Lernprozesse

Praktika machen

97

Zu den Aufgaben der allgemeinbildenden Schulen gehört es, erste Erfahrungen mit einer betrieblichen Realität zu vermitteln. Das Instrument Betriebspraktikum gibt den Schülern die Möglichkeit, aus der abgegrenzten Institution Schule mit ihren Planspielen den Schritt in die Wirklichkeit zu wagen. Der Schüler hat die Möglichkeit zur Überprüfung von bereits Erlerntem (wie Verhalten, Ansprache, Sicheinfügen in fremde Strukturen), zum Erlernen und Einhalten neuer „Spielregeln" (wie Arbeitsschutzkleidung, Pausenordnung usw.) und er bekommt auf der anderen Seite eine Rückmeldung über Kenntnisse, die ihm noch fehlen.

In der Regel findet einmal in der Woche zu einem abgesprochenen Termin ein Besuch des verantwortlichen Lehrers mit Beratung statt. Zu diesen Gesprächen sollte auch der zuständige Betreuer des Schülers gebeten werden. Außerdem ist es empfehlenswert, einen Termin mit allen Schülern der Klasse etwa zur Hälfte des Praktikums zu verabreden, damit Erfahrungen ausgetauscht sowie Schwierigkeiten benannt werden können. Am Ende des Betriebspraktikums (nach Fertigstellung der Praktikumsberichte) findet dann ein Abschlussgespräch statt. Dabei müssen die vom Schüler erstellten Berichte dem Betrieb vorgelegt werden.

Lernen vor Ort als Bewusstseinserweiterung

Lernen vor Ort führt zu einer Erweiterung des Bewusstseins und damit zur Stärkung der Position des einzelnen Schülers in der eigenen Familie, gegenüber seinem Lehrer und auch gegenüber den Mitschülern.

Um die Ecke gedacht

> Ein interessanter Denkanstoß ist die Aussage eines Vertreters des indianischen Schulwesens in Nordamerika: „Ich sehe das Problem eurer Schule (gemeint ist die Schule des „Weißen Mannes") darin, dass ihr die Lerninhalte erst in die Schule schaffen müsst, ehe ihr mit dem Lehren beginnen könnt. Dabei könntet ihr die Lerninhalte im Umkreis einer Quadratmeile um die Schule herum alle finden!"

Gleich mal ausprobieren
Machen Sie für einen begrenzten Zeitraum selbst einmal ein Praktikum – und sei es als Helfer bei der Weinernte. Die Erfahrungen sind überwältigend.

DARSTELLENDES SPIEL EINSETZEN

98

Im Darstellenden Spiel als Lernform geht es um die Analyse sozialer Prozesse, um gelebte und ungelebte, lustvolle, traurige oder auch aggressive Träume, Wünsche, Gefühle und Verhaltensweisen. Der Schule, die ja partiell in Distanz zur Gesellschaft steht, bietet sich hier jener Raum, den wir pädagogisch als Schulkultur, als eine Art der „dritten Realität" bezeichnen können:

- Spielen bedeutet Perspektivenwechsel und Umstrukturierung des Vertrauten.
- Es dient der Kommunikation und der Herstellung von sozialer Nähe.
- Es fördert die Kreativität und die Fantasie.
- Es ist nicht die Gegenwelt zum Lernen, sondern ihre Erscheinungsform.
- Lernen findet oft in Szenen statt, in die Lehrer wie Schüler gleichermaßen eingebunden sind.

Die Arbeit mit dem Darstellenden Spiel ergibt sich in der Schule auf verschiedenen Ebenen:
- Nachahmung,
- bereits Erlebtes verstehen und verarbeiten,
- Körpersozialisation,
- Fremdbestimmung,
- Verstehen von Verhalten.

Durch den Einsatz des Darstellenden Spiels lässt sich die innere Differenzierung (Tipp 6) um eine Facette erweitern: das Zusammenbringen von Sprache, Mimik, Gestik und Bewegung. Die Schüler empfinden Spaß am Darstellen bzw. Agieren und werden zudem zu der Einsicht geführt, dass das Lesen oder Schreiben eines Textes nicht die einzige

> Tipp 6
Erweiterung der inneren Differenzierung

Möglichkeit des Umgangs mit ihm ist. Es eröffnet sich ihnen eine handelnde und Handlung ermöglichende Dimension. Im fremdsprachlichen Unterricht kommt hinzu, dass die Schüler die Rollen entsprechend ihres Sprachvermögens ausgestalten können. Übertragung von Verantwortung für die Planung, Erprobung und Vorführung eines szenischen Spiels kann zu eigenständiger Partner- oder Gruppenarbeit

> Tipp 11,13

führen (Tipp 11, 13). Die Arbeit mit dem Darstellenden Spiel bietet somit ein hohes Maß an Möglichkeiten der Differenzierung. Der Lehrer kann in Kooperation mit dem Schüler entscheiden, welche Form der Differenzierung für ihn sinnvoll ist und welche Methoden-, Selbst- und Sozialkompetenzen gefördert werden sollen.

Um die Ecke gedacht
Die Lösung und Erarbeitung von Aufgaben mittels Darstellung ist nicht nur eine wohltuende Abwechslung im Unterricht, sondern gibt z.B. auch Schülern mit Lese- und Rechtschreibschwächen die Möglichkeit, sich entsprechend zu äußern.

Achtung!
Wichtig ist die Schaffung geeigneter Räumlichkeiten, damit das Inszenieren nicht andere stört und umgekehrt.

FESTE ORGANISIEREN
99

Feste und Feiern sind für das Schulleben unerlässlich (Ergänzung zum täglichen Unterrichtsgeschehen) und stellen im Schulalltag etwas Besonderes dar.
Die gemeinsame Planung, Durchführung und Nachbereitung derartiger Veranstaltungen gibt jedem Schüler und jedem Lehrer die Möglichkeit, sich im Rahmen seiner Fähigkeiten und Interessen einzubringen und zu präsentieren.

Möglichkeiten der Differenzierung bieten sich sowohl auf der Ebene der Gruppenbildung als auch in der Ausprägung unterschiedlicher Kompetenzen:

Möglichkeiten der Differenzierung

- Entwicklung von Sozial- und Handlungskompetenz durch die Übernahme von Verantwortung für das eigene Tun und damit für das Ganze.
- Entwicklung von Fachkompetenz durch die Beschäftigung mit dem Thema und durch die Bearbeitung der selbst gewählten Teilaspekte.
- Die Bildung von funktionierenden Arbeitsgruppen über den Inhalt, Freundschaften oder die methodischen Vorgehensweisen (Text, Modell, Versuch, Film, Darstellendes Spiel, Diavortrag usw.).

Um die Ecke gedacht

Ein weiterer, besonders wichtiger Aspekt von Festen und Feiern in der Schule ist das Präsentieren, Vorstellen und Veröffentlichen von Arbeitsergebnissen aus dem Unterricht. Hier haben die Schüler die Möglichkeit, das, was sie in all den Unterrichtsstunden in den Projekten, in den Vorhaben, Exkursionen (Tipp 89, 90, 96) usw. gelernt und erarbeitet haben, einer breiten Öffentlichkeit vorzustellen (insbesondere den Eltern).

❱ Tipp 89, 90, 96

Achtung!

Sie sollten sich des hohen Aufwands der Vorbereitung und Durchführung einer Feier oder eines Festes bewusst sein. Das Thema muss alle Klassen einer Schule interessieren, geeignete Arbeitsschwerpunkte müssen gefunden werden und die Schüler sollten engagiert an den Planungen teilnehmen. Das sind lohnende, aber nicht immer leicht zu realisierende Ziele.

REGISTER

(Die Verweise beziehen sich auf die jeweiligen Tipp-Nummern.)

A
Anforderungsniveaus 56, 57, 58, 60
Arbeitsplan 24, 25, 82, 83, 86
Aufgabenkonstruktion 30, 31, 32, 33, 34, 35, 36, 37, 51, 52, 53, 54, 55, 56, 57, 58, 59
Ausdrucksvermögen fördern 84, 85
Äußere Differenzierung 5
Authentische Aufgaben 33

B
Betriebspraktikum 97
Bildungsauftrag 1

C
Cluster 93, 94
Coaching 82, 83
Computer 64, 72, 75

D
Darstellendes Spiel 53, 70, 98
Diagramme 68
Differenzierende Aufgaben 32
Differenzierungskonzept 8
Differenzierungsmöglichkeiten 9

E
Einzelarbeit 10
Entscheidungskompetenz 1
Ergebnissicherung 43
Exkursion 96
Experten einsetzen 17, 81

F
Facharbeit 27
Fachkompetenz 1
Fehleranalyse 2, 39
Forschungsaufträge 91
Fragetechniken 40
Freiarbeit 23

G
Gesprächsführung 40, 41, 42, 43, 47
Gesprächsregeln 47
Gesprächsstörung 42
Gruppenarbeit 13, 25, 98, 99
Gruppenbildung 4, 5, 6, 13, 14, 15, 17

H
Handlungskompetenz 1
Hausaufgaben 28
Helfersysteme 80, 81, 82, 83

I
Ich-Botschaft 49
Innere Differenzierung 6, 8, 24, 25, 53, 98
Interview 95

K
Kommunikationstechniken 48, 49
Kommunikative Aufgaben 52
Kompetenzentwicklung 1, 2, 33, 36
Komplexe Aufgaben 37
Kreative Schreibaufgaben 54

L

Lehrerrolle 7, 23, 29
Lernhierarchie 79
Lernjournal 74
Lernkartei 65, 71
Lernkompetenz 2, 13
Lernlandkarte 94
Lernortenetz 22
Lernplakat 73
Lernsoftware 75, 78
Lernspiele 72
Lerntheke 35
Lerntyp 6, 13, 16, 67, 68, 69, 80, 90, 94
Lernvoraussetzungen 1, 2, 15, 28, 36, 88
Lernwege 3
Lernzielfestlegung 20

M

Merkzettel 76
Methodenkompetenz 1, 22, 24, 87, 94, 95, 98
Mindmap 43, 79, 92
Modelle 67
Monatsplan 26
Monitoring 8
Musik 69

N

Nachhilfe 88
Nichtlineare Texte 59, 68

O

Offene Aufgabe 31
Organisieren lernen 99

P

Paarbildung 10, 11, 14
Parallele Aufgaben 34
Partnerarbeit 11, 12, 25, 98
Pflichtaufgaben 22, 24, 25, 28, 34
Planunterricht 24, 25, 26
Präsentation 27, 44, 45, 78
Produktionsorientierte Aufgaben 51, 72
Projektarbeit 89, 96

R

Recherchieren 44, 55, 64
Referat 42, 44, 45, 78
Rhetorische Mittel 46
Rollenspiel 49, 98

S

Schulbuch 26, 31, 34, 61
Schüleraktivierung 84, 85
Schülerpatenschaft 86
Selbstdiagnose 21, 37, 74
Selbstkompetenz 1, 89, 95, 97, 98
Sozialformen im Unterricht 10, 11, 12, 13
Sozialkompetenz 1, 80, 81, 82, 86, 87, 88, 91, 98, 99
Stationenlernen 22

T

Themenbezogene Differenzierung 18
Themenbörse 23
Themenplan 25
Tutorensystem 64

U
Unterrichtsgespräch 19
Umgang mit Fehlern 2, 39

V
Visualisierung 45, 77
Vokabellernen 65, 77
Vorhaben 24, 90, 89

W
Wahlaufgaben 22, 24, 25, 28, 34
Wochenplan 23, 24, 82, 83

Z
Zeitleiste 66
Zeitung 63, 70, 77